绩效核能
「行动版」

李太林 ◎ 著

图书在版编目(CIP)数据

绩效核能:行动版／李太林著. －－北京：
北京联合出版公司,2016.5(2019.4重印)
ISBN 978－7－5502－7595－9

Ⅰ.①绩… Ⅱ.①李… Ⅲ.①企业绩效－经济评价－研究 Ⅳ.①F272.5

中国版本图书馆 CIP 数据核字(2016)第 090671 号

绩效核能（行动版）

项目策划	斯坦威图书
作　者	李太林
责任编辑	宋延涛
策划编辑	马晓娜
封面设计	异一设计

北京联合出版公司出版
(北京市西城区德外大街 83 号楼 9 层　100088)
河北鹏润印刷有限公司　新华书店经销
200 千字　880 毫米×1230 毫米　1/32　9.5 印张
2016 年 5 月第 1 版　2019 年 4 月第 7 次印刷
ISBN 978－7－5502－7595－9
定价:46.80 元

未经许可,不得以任何方式复制或抄袭本书部分或全部内容
版权所有,侵权必究
本书若有质量问题,请与本公司图书销售中心联系调换
纠错热线:010－82561773

前 言
如何打造系统高效的薪酬绩效体系？

一家企业如果不谈绩效，结果会怎么样？

一家企业人效很低、浪费很大，绩效凭什么会好？

一家企业没有充分挖掘员工的能量、潜能，又怎么能做出高绩效？

一家企业如果连分配机制都没有做好，沿用老模式、土办法，不求创新突破，可能带着团队达到更高的发展目标吗？

中国的机会时代已经逐渐过去，凭借资源、资本、关系、机遇、积累的硬实力带来的创造力正在递减，而整合、团队、机制、文化的软实力日趋显现。

一老板说，十年前做企业开厂很容易很轻松赚钱，这几年不仅越做越累而且利润越来越薄，几乎要亏损。我回应他：粗放型经营赚钱的时代已经过去了，现在已经开始步入精细化时代，如果你还迷恋过去，抱着老观念不放，只有死路一条。

近二三年，民营企业的生存环境受世界经济形势及国内市场变化的影响，正遭受巨大挑战，不少中小民营企业经营困难。主要体现在反规律的"三升三降"：成本上升、费用上升、员工流动率上升，利润下降、销售下降、品质合格率下降。

绩效核能（行动版）

民营企业家并没有非常清晰地认识到问题的核心所在，很多人将问题的根源放在员工工资上涨、员工对福利的需求不断提升、员工的要求越来越难满足等方面。而我认为，造成民营企业组织生态恶化的主要因素是：

（1）企业目前最大的成本是管理成本，70%以上的管理成本是人与人之间的成本。

（2）民营企业开始出现"国企病"：老板能人文化严重、管理粗放、高管职业化程度不高，导致上下级同事之间的合作成本越来越高。

（3）民企利润率下降，本质上是组织生态恶化，而不完全是产品利润率下降。

随着机会主义时代逐渐终结，市场竞争日益剧烈，中小企业发展的势头被遏制，很多发展困境日趋显现，比如缺人才，特别缺复合型人才、职业人才与人才梯队建设；创新不足，基本在陈规旧制中运行，新瓶装旧水；看重眼前利益，没有明确的中长期规划、年度计划与预算管控；有目标但缺乏有效的目标管理；激励模型单一，方法老套，激励力度小；老板个人格局偏低，胸怀偏窄。

一家年产值6000万元的企业，年培训支出还不到1万元。有一天老板说：2012年企业没有利润，核心层流动很大，发展艰难。我回应：（1）过去成功不代表未来还能成功；（2）老板不学习，企业缺能量；（3）老板先要支持团队成长，团队才能支持企业发展；(4)老板不在培训上投资，就要在经营、成本、竞争力上付出代价。

其实，很多老板都有苦衷与困惑，可有多少老板能够做到经营与管理的平衡、长期与短期利益的平衡、企业利润与员工利润的平衡？又有多少业务型、技术型、资源型的老板注重学习成长、管理创新和发展规划？

老板必须要转换思维方式。传统观念认为，经营就是做业务抓市场赚钱，而管理就是搞制度、建设团队花钱，这是典型的唯业务论。而新思维方式则认为，经营是"付出"，企业如何付出给市场、客户、员工；管理就是"整合"，企业在付出之后如何有效地整合社会资源、人才资源和资金资源等。经营占有人心，管理创造效益。企业管理者一手在付出，一手在整合。只有将两者统一起来，企业才能内外兼顾、长短相宜、平衡发展！

我常常听到老板抱怨自己的员工无能、索取、不负责任。我很想告诉老板们：

当你觉得员工没有价值时，其实员工也同样认为你与公司没有价值；

当你觉得员工总是在找借口，证明你总在给员工提供找借口的机会；

当你觉得员工总是出工不出力，证明你只是买了员工的时间而非价值。

那么，当前老板首先要突破的思维是什么？共赢。最好的老板要成为公司最没有用的人，他只需要懂得使用各种有用的人才这一项能力即可。靠老板自己带团队赚钱只是创业初期的事情，企业要发展壮大就必须打造无数发动机。没有共赢的思维，企业不可能做大做强。

员工思想越来越复杂，员工需求越来越多样化，员工管理越来越力不从心。很多企业尝试改变，但遇到一点阻力，立刻就缩回去，回归原点。在这个时候，老板都会抱怨员工不满现状，拒绝变革，但我认为很多变革的失败不是来自员工，而是来自老板与高层。老板缺乏信念，不能坚定信心，是主要原因。变革为谁好？如果只是为企业好，员工肯定抵触、不接受。如果是为员工好，员工是否一定能接受呢？这要从三方面来看问题：一是看变革是不是员工需要的；二是看附加的条件员工是否认同；三是看团队痼疾很深要下什么药。其实，无论从哪种角度来看待这些现状，企业的价值观与员工的价值观永远是核心。如何统一价值观就是统一思维的开始。

在我看来，员工有三大基本需求：今天的收入、明天的成长、后天的持续。

如果一家企业有社会责任感，将员工真正视为"家人、伙伴"，应该为员工尽到五项责任：

（1）不仅要让员工赚到钱，还要存到钱；（赚到再多钱，全花了，意义减半）

（2）不仅要让员工提升能力，还要实现职业发展；（这将

前 言

是长期之计、互利共赢)

（3）不仅要让员工努力工作，还要保持健康的体魄；（真正关心员工，没有健康，其他都是零）

（4）不仅要让员工团结互助，还要启导心态向善；（心理健康，很重要！）

（5）不仅要让员工敬业爱岗，还要家庭幸福、快乐生活。（家庭是国家最基层的组织，家和万事兴，幸福感首先是家庭和谐。）

总之，负责任的企业必须是不断为员工创造收入增长、能力提升、事业达成、身心向善、家庭和谐的平台，这才是真正意义的大家庭。

那么，如何打造系统的、高效的薪酬绩效体系？

一家行业排名第三的外贸制造企业，在推行绩效管理后，2012年销售只增长了5%（受大环境影响），而利润却陡增了50%多。在导入《绩效核能》的全绩效模式两个月后，重做率马上从10%降到2.8%，这是一家以手工为主的制造企业，车间主管（大师傅）原来每天实际检查工作制作的时间每天只有3~4小时，现在，车间主管每天至少6小时在严格把关质量，所以重做率迅速下降！

一家餐饮企业的毛利率长期低于同行，只有45%左右，企业老板经常要求厨师长要降低成本浪费，提升毛利率，但一直没有得到改善！

2014年4月导入全绩效模式后，厨师长立刻制定原材料

绩效核能（行动版）

管理办法，并且每天亲自查看原材料使用情况，培训厨师们如何把菜品做到更精致，让每个菜品都色香味俱全，打破传统以量为主的思维！

2014年5月份，此餐厅毛利率直接提升到了51%，老板感叹：以前发工资，餐厅是我一个人的，现在分好钱，餐厅就是大家的！

这几年来，我一直在研究如何针对中小民营企业，快速有效地导入薪酬绩效系统，而且不断指导很多企业成功做出好的结果。

关于全绩效的双重含义：
（1）全员绩效，只要有价值的岗位都必须实行绩效管理；
（2）全面绩效，只要有价值的工作都必须实行绩效管理。

实现的方式有两大模式：一是薪酬全绩效，二是积分全绩效。

我认为：不做绩效管理的企业，只靠业务、技术取胜，却忽视了人的潜能与创造力，而人才是业绩倍增的核动力。

我将"绩效管理"的核心归纳为三个字："人效薪"。企业没有绩效管理，就谈不上管理。不讲绩效，企业何以生存？用对人、建对绩效系统、做对激励机制，企业才能无往不胜。

1. 人——人才、潜能、团队；
2. 效——绩效、人效、价值；
3. 薪——薪酬、福利、激励。

前 言

三者是相互融合、互为因果的关系。一家企业如果能将这三字经、九个词运用合理得法，企业内在所有的问题就一定可以化解和超越。

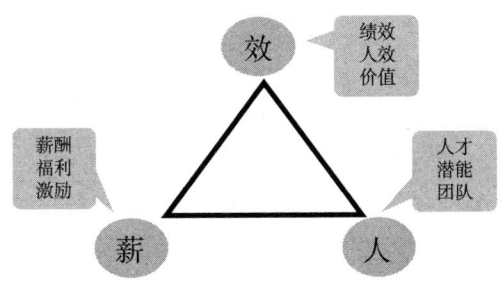

在过去多年的实践中，我总结了一套自己的独特模型，命名为"四驱动力模式"：

（1）利益驱动：薪酬全绩效，价值＝价格＝财富，做价值管理；

（2）文化驱动：积分式管理，开发金钱货币以外的一种激励符号与评价工具；

（3）事业驱动：小湿股，学名是目标绩效收益制，建立共同挑战目标，实现双向驱动；

（4）目标驱动：设定自我需求与职业发展目标，员工为自己而做。

在本书中，我将与各位读友分享这些模型的设计与运用。

在过去的二十年里，我一直坚守在人力资源大系统里，历经不同类型、不同规模的企业，亲身实践，研发新模式，发展

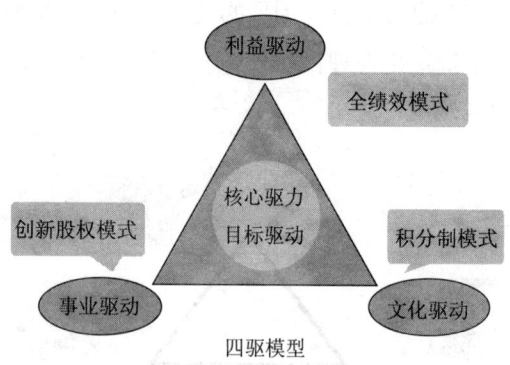

四驱模型

新工具,致力推动企业每年上一个新台阶。在业绩倍增、管理改善、团队强大的背后,有我的一份贡献,更让我获得无比欣慰的成就感、价值感。

有很多朋友一直在给我支持和帮助,包括许多企业家、微博粉丝、同行朋友、客户学员等等,赋予我巨大的能量,让我离梦想与使命越来越近。感恩无限,难以回报,只能倾尽所有将《绩效核能(行动版)》写好,聊作报答。

目 录

Chapter 1　企业最迫切需要解决的难题——利益分配

你买的是员工的价值，而不是他的时间、体力、能力和经验 / 4

人效及衡量标准 / 7

人效浪费 / 9

企业最迫切需要解决的难题——利益分配 / 12

企业要如何做好利益分配？ / 17

Chapter 2　薪酬设计与变革

传统薪酬绩效之困 / 23

薪酬的四大特性 / 25

员工收入的安全感来自哪里？ / 26

如何突破传统薪酬模式？ / 27

薪酬与考核的关系 / 28

如何设计富有激励性的薪酬机制？ / 30

企业如何为员工"加工资"更有效？ / 32

薪酬变革要面对哪些问题？ / 33

Chapter 3　绩效考核——KPI 时代已去，KSF 时代到来了

为什么要做绩效考核？/ 40

绩效考核与绩效管理 / 44

绩效管理的误区 / 45

工资的 20% 拿来做绩效，合理吗？/ 50

正确认知 KPI / 51

KPI 时代已去？/ 53

Chapter 4　薪酬全绩效之 KSF 设计技巧

什么是 KSF？/ 60

KSF 有何独特价值？/ 60

KSF 与传统考核工具（KPI）的区别 / 62

KSF 与传统薪酬模式的区别 / 64

KSF 设计技巧 / 66

KSF 落地指引 / 71

KSF 实操案例 / 73

Chapter 5　薪酬全绩效之 PPV 设计技巧

什么是 PPV？/ 82

PPV 有何独特价值？/ 83

潜能驱动——PPV 模式 / 84

PPV 与固定薪酬模式的区别 / 85

PPV 设计技巧 / 86

PPV 落地指引 / 89

PPV 实操案例 / 90

目 录

Chapter 6　预算与管控

全面预算管理 / 150

全面预算管理制度实操案例及解析 / 153

如何使费用得到有效管控 / 169

费用分类管理 / 172

费用节省与超预算 / 174

预算管控八法 / 175

Chapter 7　K目标计划

K目标计划是什么？ / 180

K目标计划与传统工作计划有什么不同？ / 182

K目标设计六步实施法之订立目标 / 183

K目标设计六步实施法之目标分解 / 185

K目标设计六步实施法之目标下达 / 187

K目标设计六步实施法之激励驱动 / 188

K目标设计六步实施法之系统检视 / 191

K目标设计六步实施法之持之以恒 / 193

K目标计划实操案例 / 195

Chapter 8　积分式管理

管理制度为什么罚比奖多？ / 207

什么是积分式管理？ / 208

积分式管理有什么独特价值？ / 209

积分式管理的五大关键词 / 212

绩效核能（行动版）

　　　　如何订立积分标准？/ 213

　　　　如何订立积分激励规则？/ 214

　　　　如何在企业导入积分式管理？/ 215

　　　　积分式管理实操案例 / 217

Chapter 9　绩效过程管控

　　　　红绿灯管控 / 258

　　　　文化墙 / 261

　　　　日　清 / 263

　　　　调　研 / 265

　　　　业绩跟踪会 / 267

　　　　快速提高执行力的四要诀 / 269

Chapter 10　卓越绩效系统的秘密

　　　　秘密一：运行环境是关键 / 280

　　　　秘密二：人效薪是核心 / 282

　　　　秘密三：职业经理人是中枢 / 284

　　　　秘密四：HR 是变革先行者 / 285

　　　　秘密五：老板是源动力 / 287

Chapter 1

企业最迫切需要解决的难题
——利益分配

Chapter 1 | 企业最迫切需要解决的难题——利益分配

人最大的价值不是提升能力,而是不断创造价值、做大价值。因为能力只是基础,价值才是根本。员工要提升的是创造价值的能力,并以价值为导向做出结果。只有做大价值,人的价值才能最大化。

我曾经到一家企业做顾问,有一生产主管发问:如果我们企业的效益下降,那我们的工资是不是会降低?

他的问题一点都不奇怪,而且我知道,这不是他一个人的问题,而是很多管理者共同的问题,只是有些人不好意思说出来而已。

员工期望工资不断增长,而且是刚性上涨,不愿意接受向下回落。这就是现实中的固定工资模式的特性——刚性。

我反问他:如果公司效益下降,跟我们管理层有什么关系?责任是由老板全部承担,还是大家都要来分担?管理者的价值就在于将价值不断做大,才能获得持续上升的回报。

你买的是员工的价值，而不是他的时间、体力、能力和经验

我想先提一个公式，如果你能读懂，这部分内容就很好理解了。

价值＝价格＝财富

一个男人在公司干了25年，他每天用同样的方法做着同样的工作，每个月都领着同样的薪水。一天，愤愤不平的男人决定要求老板给他加薪及晋升。他对老板说："毕竟，我已经有了25年的经验。"

老板叹气说："你不是有25年的经验，你是一个经验用了25年。"

客观地说，时间、体力、能力、经验等都有价值，就像空气，是不可缺少的价值。但这仅是基础价值的构成部分。人们生存不能没有空气，但是人们又不能仅仅依赖空气生存。

某省招聘清洁工，有几十位硕士生报名应聘。从学历来看，硕士生的能力应该不赖，但如果从事扫街拾叶的工作，价值几何？

很多人将能力视作价值，挟技居奇，或者过去有一些贡献，居功自傲，认为自己是企业不可或缺的人才。因此，我们要将人才补充定义：现在对企业有价值的是"人财"，未来对企业有价值的是"人材"，对企业现在与未来都没有价值是

Chapter 1 | 企业最迫切需要解决的难题——利益分配

"人裁"。

显然,能力并不等于价值:

能力没有释放,不能做出结果,能力再强,也没价值。

能力本身并不是价值,能力用等级标准来衡量,价值可以用市场货币符号来交易。

能力强只能自我欣赏,价值高才会被市场、客户认同,并且可以流通。

如果你听到下属抱怨说,我已经很努力,每天都在不停地工作,为什么我的收入只是那么多?

你愿意立刻给他加工资吗?而我一定会问他这些问题:

(1) 你为什么努力?

(2) 你真的很努力吗?

(3) 你努力的结果是什么?

(4) 这个结果是公司要的吗?

(5) 这个结果真的有价值吗?

(6) 这个价值是你认为的吗?

(7) 这个价值的实际意义是什么?

(8) 这个价值能给公司带来什么?

答完以上八个问题再讲要不要给他加工资、如何设计他的激励办法。

努力工作的背后是价值导向,不求结果,埋头苦干、蛮干,耗费了时间浪费了资源,却没有好的结果,是没有多少价值可言的。

请你在以下的框框里写下三个价值,必须是你本人在当前

工作岗位最核心的价值,根据你认为的重要顺序依次书写(认真思考、负责任地填写):

```
核心价值一:

核心价值二:

核心价值三:
```

这是我在课堂上经常让学员做的测试,学员写的内容大致包括:

(1)我非常敬业,每天用心工作;

(2)我有很强的执行力,对上司交代的事情第一时间做到;

(3)高度负责任,从来不推拖;

(4)与他人协作,支持其他部门工作;

(5)融入团队,有良好的合作精神;

(6)正义感。

然后,我请大家(包括你)将以上的价值点标上一个价格。比如你现在每月平均收入是6000元,将6000元分拆到每一个价值中去,用这个价格来购买你的价值。

标完价格以后,我问大家:

如果你是老板,你愿意用这样的价格购买员工那样的价值吗?

如果你是员工,你认为这样的交易公平合理吗?能充分展现你的能力与价值吗?

Chapter 1 | 企业最迫切需要解决的难题——利益分配

沃尔玛创始人山姆·沃尔顿先生坚持一个信念：让每一个员工实现个人的价值。他说：我们的员工不应只是被视作用双手干活的工具，而应该被视作为一种丰富智慧的源泉。

那些只是购买员工时间和体力的企业，只利用了员工20%的价值，而80%的价值被白白浪费。

价值不会褪色，但需要磨砺。为员工的价值负责，支持员工实现自我价值，这既是企业的价值与使命，也是员工职业生涯规划的核心。

人效及衡量标准

中国一直是人口大国，在2009年前，中国劳动力供应相对充足，属于供大于求，企业具有较大的用工主动性。最近几年，这种形势开始发生革命性的改变，中国的人口红利逐年减少，2012年已经成为负数，这意味着中国以后的劳动力供应进入下降通道。

劳动力供应短缺，给企业带来巨大的挑战，直接表现在三个方面：

（1）员工就业机会多、选择多，稳定性不强；

（2）员工对收入与福利有更多的需求和话语权，相关费用上升；

（3）企业对员工的管理难度增大，原有的管理模式行不通。

在这种形势之下,没有变革的企业明显感受到:一方面,员工工资福利费用不断上升;一方面,员工不能很好配合做出好的结果。这直接影响企业的盈利能力与经营发展,体现为人效低。

简单地说,人效就是员工的劳动生产效率,主要以人数、工资总额两个维度来衡量投入与产出的关系,反映企业在人力资源方面的工作效果。

我有一个香港朋友,在公司担任办公室主任,他告诉我,公司只有25人,每年产值达到一个多亿。中国很多百来个人的企业,年产值不过2000万~3000万元。这就是人效的差距。

低人效,低价值,低工资。这就是低层次循环。

高人效,才有高绩效。高绩效,才有高收入。

员工工资高并不是企业的成本负担,人效低、人效浪费才是企业最大的成本。

衡量人效的标准有哪些?

1. 人创绩效(销售额、毛利、利润)

公式:人创销售(元)=销售额÷员工人数

人创毛利(元)=毛利额÷员工人数

人创利润(元)=利润额÷员工人数

2. 每百元工资绩效(销售额、毛利)

公式:每百元工资销售(元)=销售额÷员工工资总额×100

每百元工资毛利(元)=毛利额÷员工工资总额×100

Chapter 1 | 企业最迫切需要解决的难题——利益分配

3. 人创绩效增长率

公式：人创销售增长率（％）＝（当期人创销售÷上期人创销售－1）×100％

（其他同）

4. 工资费用率

公式：工资销售费用率（％）＝员工应发工资总额÷销售额×100％

工资毛利费用率（％）＝员工应发工资总额÷毛利额×100％

5. 员工平均工资增长率与销售（毛利）增长率之比

公式：（当期平均工资÷上期平均工资－1）÷（当期销售额/毛利÷上期销售额/毛利－1）

在上述指标中，工资费用率是相对常用与重要的衡量标准。一般，工资费用率多指"工资销售费用率"。当然，实际操作中结合企业自身的情况来设定。

人效浪费

有人做了两个形象的比喻，在企业中有两种人："烂苹果"与"蛔虫精"。

"烂苹果"：他们是很难管理的人物，像苹果箱里的烂苹果，会迅速传染，甚至把其他苹果弄烂。

"蛔虫精"：他们是坐享其成的人物，寄生在企业内部，蚕食其他人的贡献，不愿意付出，但对好处从不放过，分文必较。

你公司有多少这样的人？这种现象有多普遍、多严重？

在我看来，从企业的管理状况来分析，人效低有五个特征：

（1）在销售额没有大的改变的情况下，工资费用率持续走高或维持在高位；

（2）制度执行不力的情况下，没有人关心及不愿信任新的制度；

（3）假设减少20%的人力，公司或部门还可以正常运行；

（4）公司投诉较多的都是内部协作之类的问题；

（5）薪酬的平均弹性低于30%。

从数据与员工状态来看，企业人效低具体表现在：

（1）产出比较低：主要衡量指标是人创绩效。两个人的活，三四个人干。

（2）工作效率低：出工不出力，出力不出气，不做价值，没有结果。

（3）人际成本高：本位主义，内斗内耗。

拿人效浪费的典型表现——会议来说，会议是有成本的，而且这个成本并不低：

会议成本＝每小时平均工资的3倍×2×开会人数×会议时间（小时）

注：平均工资3倍，因为与会者工资往往高于平均工资；乘以2，因为参加会议要中断经常性工作，损失以2倍计。

Chapter 1 | 企业最迫切需要解决的难题——利益分配

有人总结出"中国式会议"有十五个弊端：没有会议规划；没有时间管理；没有提前做好主题定位；没有提前定向；没有主持人机制；没有会议管理机制；经常临时组织；无关者参加；没有会后跟踪机制；会议氛围不好；没有分配角色；会议经常拖时；一言堂；重复开会；务虚。

对照一下你的企业吧，你的企业占了几条？占得越多，说明人效浪费越严重。

如何提高会议人效、成效？我有几点建议：

（1）确认每次会议的时长，设定时间郎，及时叫停；
（2）提前做好会议资料并发给相关人；
（3）做好会议规划，不随便开会，减少临时性会议；
（4）用红绿灯管控表进行会议成果检视；
（5）建立轮流主持机制，会议结束前要总结；
（6）用积分制做会议参与度与贡献管理；
（7）与会人都要发言，领导发言要管控。

人效浪费是谁的责任？可以是老板，因为文化与习惯是老板铸就的，没有预算思维，不重视企业变革，看到员工没状态、效益不理想，只会抱怨和指责；可以是高管，因为正是高管创建了养懒人的制度，一些高管对自己也缺乏职业素质的高要求；可以是员工，因为员工不愿意承担压力和付出，追求安逸与安全。

归根到底，我认为还是老板的责任最大。因为企业文化、分配机制都是源起老板。只有老板下决心改变，企业才能真正走上高绩效的正轨。

很多老板都想快速扩张，把企业做大，有更高的回报。因此在向理想、目标进发的过程中，不断招兵买马扩充团队，或者在内部衍生新的组织储备人才。但必须留意，这个过程很可能会造成人效的浪费：

（1）以扩张为名，招贤纳士，养兵千日，但迟迟没有用兵之时；

（2）以照顾为名，包括自己的亲戚、同学、老乡及其他裙带关系，做事的少围观的多；

（3）以精细化为名，在管理、服务岗位添置新岗、新人，人浮于事，头重脚轻；

（4）以目标为名，广泛招纳业务市场人员，大浪淘沙，费人费力。

企业最迫切需要解决的难题——利益分配

现在有不少企业的管理现状很像"人民公社"。比如，平均主义、大锅饭、按出勤分配收入等等。这种状况的直接表现：（1）过分追求公平与平衡，忽视个人贡献不同的差异化；（2）认为团队价值大于个人价值，其实没有个人价值作为支撑，团队价值可能小于零；（3）担心过度利益分配，其实做好分配机制，调动人的积极性，没什么不好。

老板们谁不想做大，虽然存在风险，但机会总是更有诱惑力。我看到一些企业在期待做大做强、扩展新业务，因此不断

Chapter 1 | 企业最迫切需要解决的难题——利益分配

招兵买马。这里提个醒,请这些企业想清楚几个问题:(1)新招的人是人工成本,还是人力资本?(2)是来做蛋糕的,还是来分蛋糕的?(3)是人效价值的创造者,还是人效浪费的制造者?(4)是你养他还是他养你?在企业利润越来越薄的今天,不要把企业仅存的一点点利润做无效的分配。

做好企业、带好团队无非是做到四个字——"欣赏""分钱"。从两句古语中我们是否能得到一些启发:

(1)士为知己者死:欣赏、认同、尊重,文化驱动,力源于内。

(2)重赏之下必有勇夫:分配与奖励机制,利益驱动,力源于外。

内外兼顾,潜表融汇,形成合力,无坚不摧,无往不胜。

士为知己者死+重赏之下必有勇夫=欣赏+分钱=利他共赢+强大团队=成功+成就。

有一家工厂,起初厂长工资与产量直接挂钩,厂长总是喊人手不够,加人后产量上去了,可是费用上得更快,丰产不丰收。后来厂里改革,厂长工资改为按所有员工平均工资的4倍计,厂长开始裁减工资低的人,不招新员工,结果产量掉得很快。

趋利避害是人之本性。不设置利益驱动,员工缺乏动力,强化利益驱动,又会产生诸多有毒、有害的副产品。那么,企业要不要强化利益分配?如何强化才利多弊少?

一老板对大和尚说:"我有一位员工唯利是图,我想炒了他。"大和尚不答反问道:"你家附近的河有没有发过洪水?"

老板回答说:"有啊。"大和尚又问道:"那你有没有想过堵死这条河?"启示:通河道,建河堤,可令其自然顺流。凡人皆有利己心,通心脉建机制,可令人正心顺气,逐己利不损人利,善分利得正力。

老板与员工是敌对关系吗?传统观念认为,老板与员工是天然的"敌人":老板要的是利润不断增长,员工要的是工资持续上涨;老板要的是员工拼命干、干出成果,员工想的是少干多拿、责任少,福利、奖励多;老板希望员工理解企业经营困难,员工希望老板体恤自己生活不易;老板想员工把事情当事业来干,员工只想做完现在的事情,不要加班。

有这种感觉,首先来源于思维上的差异,老板是做事业、员工是做事情。然后是利益分配上的偏差,老板得到的是未来剩余价值,而员工得到的是当下价值。如果老板和员工方向不一致,可能会产生以下问题:

(1)如果老板只想着让公司赚钱:员工就会对公司没有归属感。

(2)如果老板只会想办法压榨员工收入:员工就会想办法违规谋取收入。

(3)如果老板只会画饼诱惑员工:员工就会想办法另谋高就。

(4)如果老板只强调业绩结果:员工就会牺牲公司的未来利益来达成眼前业绩。

一老板对员工说:"我知道你的工资低,公司现在需要更多资金来发展,给你加工资还不现实,我们一起奋斗,未来我

Chapter 1 | 企业最迫切需要解决的难题——利益分配

们什么都会有的。"员工回答说:"如果现在不来点现实的,那你要实现公司未来发展也是不现实的。"从现实出发,理想才会变成现实。

那些喜欢画饼的老板要留意了,可以不让员工吃得太饱,但千万不可以饿着肚子。画饼还要让员工闻到饼香。

老板要经常问自己:(1)这是谁的企业?——自己一个人的企业就自己一个人累; (2)业绩与员工收入是什么关系?——让员工感受到企业是大家的;(3)目标管理如何做到位?——要有目标激励机制来保障;(4)我的角色定位是什么?——是对自己负责,还是要对全体员工负责?

老板与员工能不能统一思维、利益关系?

我认为,老板必须先拥有"利他共赢""分享事业"的高度与态度。老板要站高一线先愿意舍,员工才能脚踏实地努力创造。老板开始关注员工的需求与情感,员工则会体恤老板的压力与辛劳。这样才能形成良性的互动。

俞敏洪曾经说道:现在年轻人进入职场,都希望先拿高薪,再认真工作,心里想的是我工资待遇不够,凭什么努力工作。但实际上最后真正在职场取胜的,是那些不计较个人得失辛勤工作、持续不懈努力的人。原因是老板和员工的思维差异:员工希望先得到报酬再工作,老板喜欢那些先拼命工作不计报酬的人,然后就会重用这样的人。

第二次世界大战中期,美国空军的降落伞的质量不够好,合格率为99.9%,这意味着1000个跳伞的士兵,可能有一个士兵因为降落伞的问题而送命。军方要求100%,厂家表示无法完美。最后，军方改变了检测方法，从降落伞中随机抽一个出来，让厂家负责人跳伞，不合格率顿时变为零。激励改变，人心亦变。

让员工敬业，请给一个理由：

（1）员工为什么要敬业？敬业能得到什么好处？

（2）员工凭什么要敬业？因为又不是自己的事业。

（3）敬业与个人长短期利益有什么关系？让每个人都清楚敬业给自己带来的好处。

（4）员工敬业绝不是天经地义的，为了组织利益而要求员工牺牲个人的利益是不可能持续的！

有学员经常抱怨说，员工的行动力很差，不知道该怎么办？

我回答说，那是因为利益的驱动力不到位。

请记下这个公式："利益驱动力＝员工行动力"。

（1）如果薪酬不变动，员工怎么会去行动。

（2）员工的行动力、创造力与薪酬波动幅度成正比。

（3）利益在哪里，员工的焦点就在哪里。

（4）员工不愿意去做的事情，常常是因为看不到价值与利益。

不要抱怨员工不行动，要检讨如何给员工加动力。

对员工自身来说，是因为缺乏"目标"。

对企业管理来说，是因为"激励"缺失。

凡人都懂得时间的重要，但并非所有人都珍惜时间、珍惜工作机会。老板不要期望每个员工都勤奋，但员工不勤奋一定

Chapter 1 | 企业最迫切需要解决的难题——利益分配

是管理与激励的问题。如果员工缺乏目标感、危机感、归属感和成就感,那么员工对时间就不会敬畏。因此,企业要激励员工建立目标,并支持员工实现目标。

企业要如何做好利益分配?

首先要厘清企业应该分谁钱?分钱的依据、标准是什么?

(1)直接创造产值、利润的人;(2)直接创造价值的人;(3)间接创造产值、价值的人;(4)当下创造产值、价值的人;(5)未来创造产值、价值的人;(6)独立创造产值、价值的人;(7)共同创造产值、价值的人。

其次,要明确采用什么激励模式。对不同岗位、层次、需求的员工要采取对应的薪酬方案,不能搞一刀切,更要避免固定薪酬模式。

然后,要想办法规划分配次序。分配越直接就越有效,分配次数越多,关注的点与面就更丰富。

最后,做好分配预算,分割好各自的利益蛋糕。

任何企业都有三种人:

第一种人:只做事不管结果,有想法没目标,明白职责而不清晰价值,每天工作没有计划、不满负荷,这种人是企业的人力成本。

第二种人:认真履行职责,有目标有计划,重结果讲价值,这种人是企业的人力资源。

第三种人：不仅能超出定位价值，还能创造剩余价值，向复合型发展，这种人是企业的人力资本。

对这三种人，如何进行利益分配并不重要，更有意义的是如何通过利益分配激励第一、二种人变成第三种人。

利益分配的多元化

利益分配的两大原则：一是多元化，给员工创造更多获得收入的机会；二是直接性，对员工有价值的表现直接进行定价与利益分配。

举例：某连锁企业店长的工资变化

（单位：人民币元）

以前		现在	
工资构成	工资标准（或平均金额）	工资构成	工资标准（或平均金额）
基本工资	1300（按当地最低工资）	基本工资	1300（按当地最低工资）
岗位工资	2200（按门店等级）	销售工资	1000～1500（销售比率）
绩效工资	500（按行为考核，以扣为主）	毛利工资	800～1300（毛利比率）
月度目标奖励	200～300（每月）	费用工资	300～400（费用目标管控）
季度目标奖励	300～500（每季）	门店服务	300～400（顾客满意与投诉）
年终奖	4000（双薪）	员工培训	200～300（月培训时数）
		综合行为考核	200～300（门店管理）

Chapter 1 | 企业最迫切需要解决的难题——利益分配

(续表)

以前		现在	
		月度目标奖励	300~500（每月）
		季度利润奖励	500~800（每季）
		年度排名奖励	4000~8000（年度考核）
		门店利润股	3000~9000（与年利润挂钩）
平均实际年薪	55600元	平均实际年薪	69500元（不计门店利润股）

结果对比分析：

（1）店长年收入增长25%，增长额13900元。但单店年销售增长30%，增长额65万元，净增长利润29万元。

（2）由于对员工培训、顾客服务管理的强化，员工年流失率由60%下降至45%，重要顾客平均消费额上升了35%，新客户增长率26%。

利益多次分配

第1次分配：根据公司个人或产值创造结果直接分配到个人。

第2次分配：以业绩为导向，将产值、业绩预算分配到经营单位或职能部门。

第3次分配：从经营单位或职能部门分配到个人。

第 4 次分配：根据各种标准，对部门或岗位进行奖励。

第 5 次分配：以毛利、利润为基础进行奖励性分配。

第 6 次分配：以利润为导向进行投资性分配。

第 7 次分配：对未来价值、长期薪酬进行设计分配。

第 8 次分配：……

其中，第一次分配、最后一次分配很特别，操作层的员工更关注前端的分配，而高层管理者更关注后端的分配。第一次分配要体现直接性，最后一次分配要体现事业分享、合作共赢。

Chapter 2

薪酬设计与变革

有一企业2011年销售增长了30%，利润却下降了20%。老板百思不得其解，最后归结为材料成本上升、员工工资增长。上完我的课以后，他为自己做出了总结：没有预算、人效浪费严重、利益失衡、责任不到位。

如果企业只有老板关心利润，就会产生这样的怪现象，有一部分人在做利润，有一部分人在吃利润，还有一部分人在倒掉利润。

后两种人并不是天生的利润损失者，他们也不是天生的懒人，绝大多数的懒人都是企业自己培养出来的。为什么这么说？

薪酬是相对固定的，做多做少、做好做坏在薪酬上都差不多；奖励是短期的、随意的，福利项目越来越多，奖励反而很不给力；目标是想出来的，所谓目标只是想法，做多少算多少；文化是贴出来和念出来的，没有沉淀，没有转化为行动并形成习惯；以工作时间来衡量敬业精神的，重考勤轻考核，买的是员工的时间、体力而不是价值！

传统薪酬绩效之困

前不久有一老板告诉我说，他的店长们的薪酬水平是同一地区最高的，目前遇到的状况是店长稳定（店员不稳定），但店长的激情、状态不好，他们总是期望收入更高，但不愿意主动付出、多做贡献。

这一现象具有一定的普遍性，我认为应该从两方面来看待这个问题：一是企业的利益驱动力不够、价值挖掘不到位，员工的创造与回报缺乏高度黏合性；二是企业的文化、氛围助长人的惰性。

你是否留意到：在你企业实行相对固定薪酬的一些岗位，假如以前是每月5000元，第二年增至7000元。虽然收入水平增加了，但员工的价值不仅没能同比增长，还有可能下降。为什么？采用固定薪酬模式只适合价值标准低的岗位。对于管理者，常常会发生"价值收入逆反规律"，即收入上升，价值可能还会下降。

员工收入增加，而价值未必同步增长，原因何在？其根源还是薪酬设计。固定薪酬模式之下，员工收入与价值创造常常脱节。

某企业新请了一位财务总监，招聘面谈时约定月薪8000元，他上任后拟制的第一套报表出现大量差错，于是老板想扣他500元，财务总监完全不能接受，"你可以以试用不合格为由辞退我，但你不能扣我一分钱，因为公司没有明确界定"。

我不赞成随意扣罚。但企业对岗位须有要求，薪酬设计到位，双方约定清楚，才能保障价值与收入的平衡、匹配。加薪不一定加力，但加力一定要考虑加薪。不过要考虑，是固定地加，还是变动地加。加薪不仅是对过去的认同，还是对未来的驱动。

采用相对固定薪酬模式，谈薪之后，薪水就是企业欠员工的，无论员工做的结果如何。

薪酬的四大特性

我认为薪酬具有四大基本特性：规范性、公平性、激励性、增长性。

一、规范性：（1）建立薪酬管理制度；（2）建立薪酬量化标准；（3）拟订薪酬计算、发放流程；（4）制订薪酬相关联动机制；（5）明确不同岗位的薪酬奖励办法。

二、公平性：（1）平衡员工的心理认同；（2）建立机制时的全方位衡量与比较；（3）顾及员工的各种感觉与感受；（4）公开必要的信息或刻意隐藏敏感的信息，以防止公平受损。

三、激励性：（1）对薪酬的整体定位是报酬系统还是激励系统？（2）弹性薪酬的设计；（3）员工对薪酬波动的理解与认同；（4）高激励机制下的绩效文化。

四、增长性：（1）满足员工对收入不断增长的预期；（2）员工收入增长与价值、能力、职位提升的匹配；（3）规范薪酬增长的各种标准、预设条件。

传统薪酬模式比较偏重规范性、公平性，但激励性、增长性明显不足。

薪酬为谁设计？以什么为依据而设立？

第一种情况：为招人而设计。因为这几年薪酬的市波动比较大，企业及时调整薪酬政策，以满足人才吸引的需要。但却忽视了留人与激励人——薪酬主动、持续增长机制，缺乏激励人、弹性薪酬与多元化奖励制度。

第二种情况：为能力而设计。重视能力标准的判定，为能力设置不同的区间，按能力核定薪酬范围等，却迷失了企业真正的需要——价值、结果。

第三种情况：为懒人而设计。一次定薪，长年有效，简单易计，却灭失了薪酬与价值的匹配。

员工收入的安全感来自哪里？

由于员工对薪酬有天然刚需，企业很多岗位都采用定薪制或包薪制模式，让员工有绝对的安全感，并配套建立等级薪酬制来规范这种管理模型。但你会发现，安全造就了安逸，可是价值找不到了，更多不安全感来了！

我认为强化安全感抹杀了三大需求。传统薪酬模式只满足了员工生理需求、安全需求两个层次，但不能充分体现员工对归属感、尊重、自我价值实现的需求。其核心原因是薪酬的刚性、单一与追求安全感。薪酬固定模式，促使员工着眼于薪酬标准，而忽视价格背后的价值，弱化薪酬本身应具有的驱动力，最终无法做大价值。

当多数员工不能创造更大价值的时候，在愈加剧烈的市场竞争环境下，在人工成本不断上升、材料租金水电不停上涨的今天，企业将逐渐失去盈利能力。利润不断流失的企业如何为员工提供持续稳定的安全感，又如何为员工创造更多的加薪机会，加薪幅度可能会高于市场水平吗？

当然，如果企业没有给予员工一定的安全感，留不住人、招不来人，这也是现实。所以，我的看法是，既要给员工创造一种安全的工作环境，又不能制造安逸的氛围，让员工丧失战斗力与创造力。

如何突破传统薪酬模式？

我曾一直认为薪酬制度要保持稳定性与连续性，不宜经常调整。现在我觉得这种看法有问题，除大型企业要强调统一性、整体协调性，中小企业如果想要充满活力，必须不断革新机制。只要充分考虑了员工的基本利益，新的机制有助激发员工潜能、创造力，实现共赢目标，就必须果敢地、有计划地推动组织变革。

我曾工作过的一家企业，每年都要做薪酬绩效的变革。过去运用再好的模式，也有保质期，需要"保鲜"，在效用下降到一定水平时，必须进行优化或变革。

我认为中小企业的薪酬变革要突破两个方向：一是行政等级与薪酬等级相统一，这是公务员模式，企业沿用只会自缚手脚；二是固定薪酬比重大，无形中强化薪酬刚性，不利于充分调动薪酬的激励性。

突破传统薪酬模式，必须从"四定"入手，破除"四定"，才能求得持续的突破：

一、员工有清晰定位,但不定岗。

二、员工有明确的薪幅指引,但不定薪。

三、工作有职责、流程区分,但不定人;有专职,但不专岗。

四、人人头上有目标,但不是公司为员工定任务。

适度安全但决不安逸。稳定可以压倒一切,同时压倒了人的主动性与创造力。以弹性取代"稳定",包括弹性工资、弹性编制、弹性目标、弹性价值等。

总结过去支持企业组织变革的工作,我发现:面对薪酬绩效变革,老板100%想推动。高管只有70%的意愿,还有30%是犹豫。中层只有50%的意愿,另50%是怀疑。但是,只有10%的老板付诸了行动,80%半途而废,还有10%在怀疑中坚持。

其实,薪酬绩效变革并没有想象的那么难,老板是变革成功的核心,所以老板要决心坚持到底并愿意分享共赢。

薪酬与考核的关系

近几年到百余家中小微民企做访调,我发现多数企业"重业务轻管理,重考勤轻考核,重人工轻人效,重罚扣轻激励",在薪酬管理上多数实行固定或微弹薪酬机制,但员工与老板都不满意。

一HR总监拿新工资结构表给我看,基本工资+岗位工资

+绩效工资……接着他又问,绩效工资应占工资总额的比重是多少,我回答说:绩效=价值=价格,你认为应占多少?

有人说工资无法衡量,那是因为我们被传统模式所困,工资是由具体数字组成的,当然可以衡量。

我们一直认为,考核应该同薪酬挂钩才有意义,薪酬才有价值,以考核为导向,通过挂钩组织惩前毖后、奖罚分明的利益分配。

从很多实践绩效考核的案例来看,传统的考核方式并不能有效地推动激励性的薪酬机制,激励力度并不大,效果不甚明显。

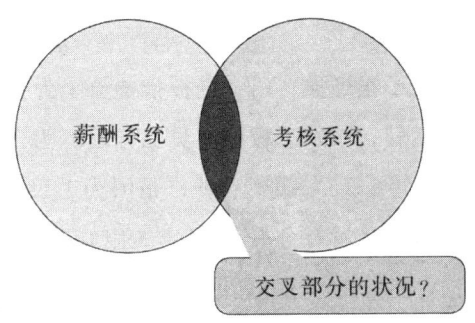

在推行绩效考核多年之后,我开始认为,绩效与薪酬的关系应该从"挂钩"走向"融合"。因为考核是衡量价值,而薪酬表现价格,如果"价值=价格"是成立的,那么唯有高度的融合才能真正黏合。绩效与薪酬最后应该是一个整体,而不是分开的两个部分。如果将它们分开,结果是员工只看重薪酬,而不重视价值。

绩效核能（行动版）

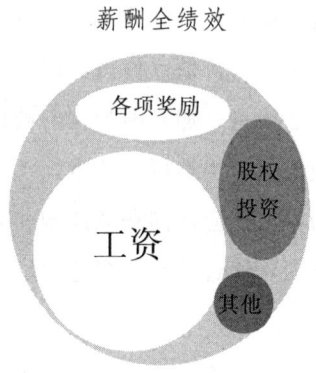

如何设计富有激励性的薪酬机制？

有一个小段子很经典：（1）老板指望员工为公司赚钱，老板天天围着员工转；（2）老板引导员工分钱、为自己赚钱，员工天天围着老板转；（3）赚不到钱，是因为人没有用好；（4）人没用好，是因为钱没有分好；（5）人用好了，企业能做强；钱分好了，企业能做大；（6）先做好激励计划，再做工作计划。

为什么要设计富有激励性的薪酬机制？有竞争力的薪酬，就好像拉车的马没有喂足草料；没有丰富激励性的薪酬，就好像表演的海豚不能因为每次表现得到小鱼；没有不断增长的薪酬，就好像天天长大的白虎得不到更多的肉食；没有长期薪酬计划，就好像猎狗只是为一顿饭而捕食。

如果"价值＝价格"的理论是成立的，就应该将员工的价值与薪酬实现全融合。员工创造的价值越高，收入就越高。因此企业必须要做到的两件事情：一是如何将薪酬与绩效进行全面的融合;二是如何开放更多的价值流,为员工不断提供新的价值点机会。

如何设计富有激励性的薪酬模式?

(1) 逐步打破固定薪酬制。

(2) 薪酬与绩效完全融合。

(3) 共赢与创造是核心。

(4) 实现计薪的产值化(公司与个人产值)与价值化(工作分割定价、增值)。

(5) 目标管理、团队建设助力绩效文化。

(6) 一切用数据说话、明确各项标准与要求。

(7) 当前价值与未来价值的大薪酬包计划。

对于不同层级的员工,建议设计的激励性薪酬解决方案:

(1) 高层:KSF+年薪制+股权激励。以 KSF 价值管理为导向,结合年薪制模式。以价值为指向,以结果为导向,以多次分配为方向,全面调动员工状态,实现绩效快速改善。

(2) 中层:KSF+产值+超价值/剩余价值再分配。主要以 KSF 价值管理为导向,结合产值量化。

(3) 基层(一线岗位):产值+计件/提成+内包+KSF。

(4) 基层(二线岗位):PPV+KSF。主要以个人产值量化为导向,结合价值管理。

在薪酬之外,增加多元化的双向驱动激励模型,丰富员工的价值与收入系统,实现员工收入由自己决定、自我计薪。

在一次《绩效核能》课堂上,一学员问道:如果加大对员工激励,会不会影响公司的利润率?我举了一个例子,假如以前收入100元,分给员工20元(20%),公司赚80元;现在公司收入130元,拿出26+5元分给员工,公司赚99元,合不合算呢!

很多老板比较关心利润率。我认为,利润额比利润率更有现实意义。利润率只是检测公司盈利水平的一把尺子,利润额才是企业的真正目标。另外,投资回报率也比利润率更有意义。

只有开放激励、丰富激励、做大蛋糕,企业才能获得更多利益。

企业如何为员工"加工资"更有效?

如果你的一名主管月工资是5000元,现在你为他调薪500元,有什么价值?

(1) 对企业多了一份归属,有效期3个月。

(2) 对工资多了一份满意,有效期不到6个月。

(3) 工作多了一份热情、主动,有效期为3~6个月。

通常6个月后,员工开始对加工资增长滋生新的需求,并且随着时间延长,需求日趋强烈,如不能满足,将逐步影响到工作热情与归属感。

企业如何为员工"加工资"更有效?

加工资是刚性,可以留人;加激励是弹性,可以激励人。加工资,员工总会觉得自己拿得不够;加激励,员工会觉得可能是努力不够。加工资,员工压力较小,改进相对就少;加激励,员工压力较大,改进相对较多。加工资,动力在企业;加激励，动力在员工个人。

有的时候，不是你给的激励越多，员工就越有激情。有的时候，不是你给的激励越高，员工的工作热情就能达到你的期望。

传统激励可以归纳为三种方式：控制型激励、单一激励、单向激励。总体特点都是，企业提出目标、标准、条件与激励方式，员工如果做到或达成，就能获得相应的奖励。

在这种方式下，如果企业定的标准高、条件多，员工未必有强烈的意愿。而如果定的标准低、条件少，或者太容易达成，或者可能激励过度，也未必能达到预期效果。

如果你想将员工的热情与目标绑得更紧，就必须让员工投入资金或资源，达到目标会得到更多奖励，达不到目标，自己也会有所损失，通过扩大交换利益实现双向激励。

好的管理一定是激励为主，监控为辅，这样才能激发员工信任的力量，事半功倍。相反，不好的管理一定是监控为主，激励为辅，注重监控员工，员工被看低、怀疑、不信任，因此士气也会很低，管理就事倍功半。所以说，好的老板一定是分钱、激励的高手。

薪酬变革要面对哪些问题？

问题一：何处开始？

一般从中高层、业务生产岗位开始。从中高层开始，是因为变革从上至下更有意义，而且中高层是企业的中流砥柱，具有爆发力。从业务、生产岗位开始，是因为容易量化、业绩结果清晰明确，可以直接快速刺激绩效改善。

问题二：何时开始？

弹性薪酬选旺季，基层薪酬套改选淡季。使用弹性薪酬时，薪酬水平一般会有波动，如在淡季推行，实际薪酬可能在波底，给员工留下降薪的感觉，不易于员工认同。而基层员工薪酬套改，既然是变革，难免影响一小部分人的切身利益，可能会引发一些波动，因此选择淡季，将波动的影响力降到最低，同时也为企业进行人事调整、新旧更替创造了机会。

问题三：如何开始？

先从统一思维开始，然后试点。薪酬是高度敏感的思想产物，人的感受非常重要，所以要统一思维，建立利他共赢的思维方式。在试点时，可以优先选择比较积极、主动配合的部门，或者较有创造力的经营单元。

问题四：有何障碍？

中小民营企业薪酬变革主要有三大技术障碍：

1. 数据预算：考核需要数据支持。
2. 专业能力：薪酬绩效设计有一定的专业性。
3. 团队共识：在共赢思维的基础上取得团队认同。切记：在绩效相同的基础上，员工收入一定不能低于过去。

问题五：谁来负责？

不要指定一个人、一个部门负责，最好是组建中高层人士参与的项目组，老板与CEO不要担任项目组负责人，也可以不进组。组员要具有高度代表性，包括人力资源、财务、运营、营销、生产、技术等中高层管理者。如果公司规模不大，应适当限制人数。一般项目组人数在3~7人之间，宜单数。

问题六：何种模式？

去年一企业老板与HR总监到我办公室，HR总监提供了一套新修薪酬制度，请我给意见。我问她："你的目标是为了规范薪酬标准，还是想令薪酬具有丰富的激励性和驱动力？"以等级、档位为基准的薪酬模型，大多重在规范，而牺牲了薪酬本身应具备的利益分配驱动力，是舍本求末。当我展示创新设计模型后，没想到老板立即表态：这就是我要的！

点评：弹薪比定薪更有创造力。向员工要潜能，向组织要人效。

所以，选对薪酬绩效的模式很重要。于此，特别推荐我多年研创的新模式——KSF和PPV。

问题七：员工不认同怎么办？

积极沟通、主动调整。只要70%~80%的员工认同就很成功了。变革前沟通共识很重要，而且要尽可能用数据表达。如果认同率很低，一定要有针对性地进行沟通，必要时做一些妥协与调整，但变革方向不可逆转。

问题八：未达到预期怎么办？

持续优化、不断深入。在"员工个体收入增长，而整体工资费用优化"的基础上，达成员工收入增长与企业绩效改善的共同目标。但企业的状况不尽相同，面对的问题也错综复杂，有的薪酬变革可能不会立即看到效果，需要耐心坚持，也需要灵活应变。

Chapter 3

绩效考核——KPI 时代已去，KSF 时代到来了

Chapter 3 | 绩效考核——KPI时代已去，KSF时代到来了

我每次上课都会直接在现场做民情调研，发现在中小民营企业中，实施绩效考核的企业不到20%，其中只有30%能够坚持做好绩效考核。我看到，90%以上的民营企业不能从绩效考核中获得支持和价值。

在我从事人力资源、组织管理的20年中，无论我新到哪家企业工作，我的焦点都会停留在薪酬与绩效的位置上。多年的实践经验告诉我，做考核与不做考核，区别很大。在我的职业生涯中一共为五家企业服务过，没有一家企业亏损，所有企业的业绩、利润都在增长，其中与绩效考核应该有一定的关系。

有一老板谈到企业遇到很多困惑时说"没有老板不想做绩效"。我同意这个说法。就像没有父母不想孩子考上好学校，可是仍然有很多孩子没有办法做到。业绩不好时，老板们就想用考核来刺激团队。业绩不错时，就忘乎所以了。我看到，真正做好绩效管理的企业，业绩都有持续的增长，但这与老板的思维与投入是密不可分的。

我认为，管理的本质就是管理员工的潜能与价值，经营的本质就是经营人心、顺导人性。

好企业必须做到两点：向组织要人效、向员工要潜能；什么是人心：公平、理想、进步；什么是人效：利己、归属、快乐；而员工存在的意义就是创造价值、做大价值。企业存在的意义就是搭建为员工、客户、社会创造价值的平台。

绩效核能（行动版）

为什么要做绩效考核？

  前不久我去保养车，发现我经常去的这家4S店服务大幅改善。接车小姐细心体贴，不再只顾着推销；修车师傅都非常礼貌周到了；交车的小伙子关心问候，送到门口，最后嘱咐"明天的电话回访，希望您能说非常满意，如有建议或意见请现在向我们提，否则我们每项要扣20元"。第二天，4S的客服致电给我，我第一句就是"非常满意"，客户人员听到我的回复，连后面的问题也不需要再说了，赶紧以"谢谢"结束回访。尊重他们的服务成果，也是消费者的一份责任。

  可以推断一下，如果这家4S店现在没有做考核，他们的服务还是以前那种水平。企业为考核所做的投入并不多，但客户的满意度大幅提升，相信回头率、转介绍率也必然会好转。

  有一家制造型企业的老板分享了一个案例：员工多次反映饭堂大米有沙子，老板获悉后指示行政部门换米。一个月后老板再次接到员工投诉，于是召集行政、采购、人力资源、财务等部门管理人员开会。行政说，做了报告给财务，财务说换米成本高出预算，采购说，没有看到申购单，人力资源部反映只是听说，不了解具体情况。大家讲了很多原因，都是相互推诿责任。最后，老板拿起电话联系新米商供货，当天晚上，员工

Chapter 3 | 绩效考核——KPI 时代已去，KSF 时代到来了

就吃上了好米。老板用三分钟解决了问题，而管理层可能要数周甚至更长时间。人与人之间的沟通成本已经成为企业最大的成本！

我有一个好朋友做印刷企业，前年他的公司有 106 人，年产值一二千万而已。这一年公司发生亏损，每个月都要拖欠员工工资，到了过年也是如此。在学习《绩效核能》，并且逐步对企业推行绩效考核、利益分配机制变革后，现在企业只有 36 名员工，年产值基本保持在原来的水平，但公司有利润了，员工的工资不需要拖欠了。今年 6 月，老板投入 1000 万新购一台德国最先进的海得宝印刷设备，逆势而上，对未来信心百倍。

前不久，我与一家有 300 多人的企业老板聊天，这家企业年产值几个亿，经营了十几年。老板很直接地说，公司现在没有利润，钱都分给员工了。经了解，员工一般都实行固定薪酬模式，考核也是流于形式。管理层人数众多，人效低。如果企业里创造价值的少，分享价值的多，再多利润也很快被吃掉。

目标管理之父德鲁克大师在谈到"高绩效"时指出：一个企业在管理上的成就，并不在于他有多少天才员工，而在于这个企业如何使平常员工取得更好的绩效，能否完全发挥其员工的优势，并利用每个人的优势来帮助其他人取得绩效。

德鲁克同时认为高效管理必须具备六个特征：

（1）用人所长的同时，必能容忍人之所短；

（2）着眼于机会，而非着眼于问题；

(3) 会顺应自己的习性，不会勉强自己；

(4) 坚持把重要的事放在前面做，每次只做好一件事；

(5) 打算做一项新的业务，一定先删除一项原有业务；

(6) 决策不从搜集事实开始，而是先有自己的见解。

优秀的企业具备三大条件：

(1) 高绩效，这是优秀的基础；

(2) 高激励，这是高绩效的基础；

(3) 高素质，这是前二高的基础。

没有好的业绩，企业谈不上优秀；没有好的激励，员工不可能持续创造好的业绩；没有高素质人才（不是高学历），再好的激励也不一定有好的效果。

从一般意义上来看，绩效考核具有特定的管理价值：

(1) 绩效考核是人员聘用的依据。由于实行了科学的评价体系，对员工的工作、学习、成长、效率、培训、发展等进行全方位的定量和定性的考核，按照岗位工作说明书的标准要求，决定了员工的聘用与否。

(2) 绩效考核是人员职务升降的依据。考核的基本依据是岗位工作说明书，工作的绩效是否符合该职务的要求，是否具有升职条件，或不符合职务要求应该予以降免。

(3) 绩效考核是人员培训的依据。通过绩效考核，可以准确地把握工作的薄弱环节，并可具体掌握员工本人的培训需要，从而制订切实可行和行之有效的培训计划。

(4) 绩效考核是确定劳动报酬的依据。根据岗位工作说明书，制定对应的薪酬标准与激励规则。岗位目标的实现需要靠绩效考核来实现。因此根据绩效确定薪酬,或者依据薪酬衡量绩效,促使薪酬设计不断完善,更加符合企业运营的需要。

(5)绩效考核是人员激励的手段。通过绩效考核,把员工聘用、职务升降、培训发展、劳动薪酬相结合,使得企业激励机制得到充分运用,有利于企业的健康发展;同时对员工本人,也便于建立不断自我激励的心理模式。

(6)把绩效考核与未来发展相联系。无论是对企业还是对员工个人,绩效考核都可以对现实工作做出适时和全面的评价,便于查找工作中的薄弱环节,便于发现与现实要求的差距,便于把握未来发展的方向和趋势,符合时代前进的步伐,与时俱进,保持企业的持续发展和个人的不断进步。

我认为,简单来说,绩效考核其实就是一把尺子,用来量度员工的表现、贡献、价值。这把尺子存在的最大意义就是:如何做到精准、客观、公正,如何从隐性价值到显性价值,如何从过去的表现到当下及未来的价值,如何合理切割价值的归属,如何将主观与客观有效融合,如何对量化成本高的部分实现简化衡量,等等。

客观地说,绩效考核本身并不具备很大的激励意义,但作为激励与利益分配的客观标准、主要依据,其公平性、准确性的作用当然十分重大。

绩效核能（行动版）

绩效考核与绩效管理

有人说，考核是柄双刃剑，做好会让魔鬼变成天使，做不好会让天使变成魔鬼。我的看法是：利益驱动，着眼于人的利己心，本质上就是让天使变成魔鬼；文化驱动，发掘人对荣誉和精神的追求，本质上就是让魔鬼变成天使；只有两者结合形成双驱动，才是平衡的、发展的、有效的！

天使与魔鬼都是人的本性，用魔鬼的状态去做业绩，用天使的心态去待人处事。

前面我们说到了好的企业离不开绩效考核，其实，企业要真正达成好的绩效，必须要有一整套绩效管理方案。而绩效考核，就是绩效管理的一部分。完整的绩效管理，包括绩效计划、绩效实施、绩效考核和绩效反馈这四个环节。

绩效管理是包括绩效计划、绩效实施、绩效考核和绩效反馈等四个环节在内一个完整并且不断进行的循环

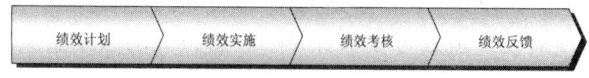

绩效计划	绩效实施	绩效考核	绩效反馈
• 绩效计划阶段是绩效管理的起点和最重要的一个环节 • 通过战略目标的分解制定各岗位的目标，保证全体员工的工作实现"战略制导" • 员工和直接上级共同制定绩效计划，并就考核指标、标准、权重、考核方式等问题达成一致，使员工对自己的工作目标和标准做到心中有数	• 定期进行绩效面谈，及时了解员工的工作进展情况 • 通过定期的报告、报表和有关记录等，收集和积累员工的绩效数据 • 在必要的时候，直接上级给予员工指导或帮助 • 对员工偏离目标的行为及时进行纠偏 • 如有需要，进行绩效计划的调整	• 直接上级依据绩效计划阶段制定的考核指标和标准对员工的绩效表现进行评价 • 由于依据绩效计划阶段制定的考核指标和标准对员工的工作进行考评，从而减少了矛盾和争议	• 员工和直接上级共同回顾员工在绩效期间的表现 • 共同制定员工的绩效改进计划和个人发展计划，帮助员工提高自己的绩效表现

绩效管理与绩效考核的主要区别是：

绩效管理：重视过程——控制过程——过程是保证

绩效考核：重视结果——突出绩效——结果为导向

绩效考核是绩效管理的关键环节之一。然而，没有考核的绩效管理是无法达到预期目标的。但为了考核而考核，忽视重要的过程，必将失去绩效改善的实质本意。

绩效管理	绩效考核
• 一个完整的管理过程 • 侧重于沟通与绩效提高 • 伴随管理活动全过程 • 事先的沟通与承诺	• 管理过程的局部环节和手段 • 侧重于测量、裁判和评估 • 只出现在特定的时期 • 事后的评估

绩效考核重点在于考核，管理者的角色是"裁判"。而绩效管理却着眼于员工绩效的改善，在绩效管理中，管理者的角色是"教练"，它的主要目的是通过管理人员和员工持续的沟通、指导、帮助或支持员工完成工作任务，这样的结果必然是实现员工个人绩效和组织整体绩效共同提高的"双赢"。

绩效管理的误区

如果绩效考核在设计上、运行上、激励上存在问题，可能会发生以下状况：

（1）追求高绩效，却奖励做表面文章的人；
（2）考核以业绩为主，却往往凭主观印象；
（3）鼓励创新，却在处罚敢于创新的人；
（4）鼓励不同意见，却在处罚发表不同意见的人；
（5）按章办事，却在处罚坚持原则的人；
（6）鼓励勤奋工作、努力奉献，却在奖励不干实事的人。

相信这些状况并不是企业或大多数员工想要的结果。但这却是很多企业在实施绩效考核时存在的真实问题。

十大误区之一：以结果取代过程

是结果重要，还是过程重要？

很多人都会回答：同样重要。考核以结果为导向，但没有好的过程不可能会产生好的结果。

我常常听老板们说：我不看过程，我只要结果。给我结果，具体怎么做，你们决定。

十大误区之二：与驱动力脱节

经典小故事：从前有只羊，每天干 8 个小时的活。一天，主人告诉它，多干活有奖励，于是它每天干 10 个小时。然后，主人每月把它身上的羊毛剪下三分之一。年底到了，主人给它织了件毛衣，告诉它："诺，这是你的奖励，明年继续努力吧！"羊很生气，把它的故事写成童话，起名叫绩效工资！

对剩余价值的再分配，还是对增量价值的再分配？这是传统绩效与现代绩效的最大差别。

考核的价值与其驱动力成正比。

十大误区之三：为求全面错误拼盘

因为以结果、量化为鲜明特征的 KPI 考核，具有不能全面反映员工工作表现的局限性,加上在客观操作上,很多有价值的工作无法实现真正的量化管理,因此,为了追求评价衡量的全面性、整体性,将一些行为能力指标(如责任感、敬业精神、沟通能力等)与 KPI 指标进行搭配,形成一个看似全面的拼盘,但实际上,他们是不可能在同一周期使用同一评价模式进行考核的。

十大误区之四:人力资源管理责任专区

现在,越来越多的人认识到,绩效考核绝不是人力资源部的专有职责。人力资源部只是绩效考核的战略性推动者与设计者,并不是具体层面的执行者、设计者。

我更倾向于认为,绩效考核是企业的一个高端决策问题,应该由 CEO 亲自主导的一项工作,而企业所有的岗位都负有不同的责任。

绩效管理的四大角色分工:

(1) 企业老总:绩效管理的支持者和推动者;

(2) HR 经理:绩效管理的组织者和咨询专家;

(3) 直线经理:绩效管理执行者和反馈者,执行企业的绩效管理制度,并将执行过程中遇到的问题反馈给人力资源部;

(4) 员工:绩效管理的主人,拥有并产生绩效。

十大误区之五:标准与目标的混淆

目标一般以 KPI 作为考核工具,做加法,弹性大,正向激励性强。

标准一般以 CPI 作为考核工具,做减法为主,弹性小,反向压力性强。

要将高价值的工作目标化，做目标管理。将低价值或基础性的工作标准化，明确规范与具体要求，做检视管理。

十大误区之六：绩效主义百病良药

将所有工作、所有要求都绩效化，就是一种绩效主义。只看结果，不关注过程，也是一种绩效主义。

绩效考核并不能解决企业管理中的所有问题，对于员工心态，要通过企业文化、团队管理来解决。对于基础性工作，要通过流程构建、制度规范来解决。

十大误区之七：忽视员工的参与

绩效考核涉及目标管理、利益分配，与员工息息相关。只有得到员工认同、参与的绩效方案，最后才能促进员工努力达到目标，共享效益成果。员工参与的程度越深，对绩效考核的认同度就会越高。利益分配越合理、越透明、越公平，员工的积极性就会越强。

十大误区之八：过分依赖物质驱动

日本经营大师稻盛和夫曾说：当一个员工回答"好的，我知道了"，那他能达成30%的目标。当员工回答"我会尽力的"，他能达成50%的目标。当员工说"这是我的事业，我一定全力以赴"，他能达成90%的目标。

我说，当员工承诺"如果达不成目标，我自请降级、不领任何福利奖励"，他能超越100%的目标。

物质激励固然重要、不可取代，但企业绝对不能只依赖物质驱动。如果企业的激励只剩下钱，有时再多的钱也不够。

十大误区之九：绩效文化的缺失

中国人与美国人最大的差别是什么？以前比较多的回答

是：发达国家与发展中国家。现在，大家发现文化差异成为最大差别：

（1）中国人需要在压力与监控下工作，绩效才好，而美国人喜欢放松与自由的环境。

（2）中国人看重利益驱动，美国人看重文化驱动。

（3）中国人喜欢为自己干，美国人喜欢我们一起干。

如果缺乏绩效文化的支撑，再好的考核工具也会黯然失色。比如360考核，可以全方位地反馈上司、下属、内部客户、外部客户的评价，通过客户价值的评价，非常客观地衡量员工的综合表现与贡献。但是，如果内部员工之间钩心斗角、心术不正、相互排挤、拉帮结派，360考核将会沦为打击报复、关系关照的工具。

十大误区之十：追求完美反自困

经典小故事：有人找到一颗有个小斑点的大珍珠，他想若能去掉这个小斑点，它就是世界上最珍贵的无价之宝。于是他削去了珍珠的表层，但斑点仍在，他又削掉两层，以为斑点肯定可以去掉了，殊不知斑点仍然存在，他不断地削掉一层又一层，直到最后，斑点没有了，但珍珠也不存在了。

绩效考核就是这颗有斑点的珍珠，虽然并不完美，但极富价值。我们也不要试图让它完美起来，物极必反，得不偿失。

绩效考核就像发展的企业一样，每一天都在优化，每一天都在进步。而绩效考核的工具与激励模型，虽然在企业某一个发展时期发挥了作用，在下一个经营周期，可能逐渐失去原来的价值，要通过优化、改进才能继续发挥功效。

工资的 20% 拿来做绩效,合理吗?

为了让考核与薪酬建立联动关系,传统做法是从原有工资中挖出一部分,公司再添一点,凑在一起取名"绩效工资或奖金"。结果证明,这种做法价值很小,效果不佳,短暂运行后,或者流于形式,或者半途而废。

将 KPI(关键指标)的模式导入企业,且与绩效工资挂钩。这是难度大、效果差的方向。我建议用 KSF(成功因子)来操作。如果使用 KSF,员工的绩效工资可能等于全部工资,或至少达到 50% 以上,大大增强激励性。如果采用 KPI 模式,弹性工资一般占 20%~30%;如果采用 KSF 模式,弹性工资占 50%~90%。实践表明,KSF 带来更大的价值,因此,员工实际收入上涨空间与概率更大。

绩效工资占比低于 50% 的模式,都是价值没有实现全流通的结果。我不太喜欢使用"绩效工资"这个词眼,我认为,理论上所有的工资都应该是绩效工资,都应该对价值与结果负责。在操作中,我更愿意将很多企业现行的"绩效工资"称作"产值工资或价值工资",如果产值工资与价值工资比例比较低,不利于对员工潜能与价值的挖掘。

如果企业没有高绩效,何以为员工创造高激励?但是如果没有高激励,员工何来动力为企业创造高绩效?先有鸡还是先有蛋?企业与员工,谁愿意先多付出?

我认为应该通过机制的设计来解决这些两难问题，通过文化来缓解与改良这些问题。

如果"价值＝价格"的理论是成立的，就应该将员工的价值与薪酬实现全融合。员工创造的价值越高，收入就越高。因此，企业必须要做到的两件事情：一是如何将薪酬与绩效进行全面的融合；二是如何开放更多的价值流，为员工不断提供新的价值点机会。为员工创造价值，员工才能为企业创造价值！

当员工的收入与价值的黏合度越高、激励弹性越大，员工的创造力就越强，企业的高绩效就有了坚实的员工基础。

正确认知 KPI

KPI 是指关键业绩指标（key performance index）。具体是指对企业业绩有特别影响力的少数重要指标。一般而言，每个部门或岗位的 KPI 指标不超过 10 个。

KPI 是遵循八二原则的一个运用：岗位 80％的价值由 20％的重要事情决定，绩效管理从这 20％的重要事情中提炼出关键因子或 KPI，并且让这 20％占据 80％的关注地位。

KPI 揭示了一个管理原理，抓大放小，关注核心。

企业管理事有巨细，如果事事同样关注，反而会影响关键因素与重要结果。

越是完美，越是一事无成。与其事事完美，不如聚集资源做好重点。

KPI还具有以下的核心作用：

（1）衡量岗位价值的核心。

（2）目标管理的核心。

（3）工作结果的核心。

（4）企业战略的核心。

（5）企业发展的核心。

如何定出可操作的KPI？

第一步，岗位分析。通过这项工作，提炼与发掘岗位价值。

第二步，职责修补。在对岗位进行分析后，岗位的职责可能需要修订，以补充价值、明确更有方向的定位，为提升人效，还有必要对岗位操作流程进行检讨和完善。

第三步，数据整理。KPI通常以目标的方式展现、以数据来表达。因此，要对各种相关的历史数据、行业数据、预测数据进行分析、整理。

第四步，战略分解。KPI目标来源于企业中长期战略、规划，大目标要分解为小目标，单位经营目标要逐步细化到单元目标，业绩目标要转化到管理目标等。

第五步，价值厘清。对团队价值、岗位价值、个人价值重新定位，并将价值作出区分，哪些价值可以量化，对于不能量化的价值如何整理打包。衡量各项价值的重要程度，形成指标库，建立指标描述，并提取各项指标进行组合，匹配对应的权重。

第六步，整合测算。将所有指标、目标、数据进行整合，预测未来结果，测算可能达标的状况。

第七步，考核明确。对指标的描述、计算方式、权重、数据提供、考核办法进行完善，尤其是考核办法，必须具有良好的可操作性。另外，数据提供也要引起重视，数据的准确性、客观性直接决定考核的意义。

第八步，流程清晰。对KPI的运行和管控流程进行设计，要清晰：各项数据统计责任人与提供时间、方式，满意评价指标的具体标准与操作方法，各部门考核工作的负责人、支持人等等。

第九步，目标到月。将目标分解到月，甚至周、日。

第十步，沟通共识。与被考核人进行充分沟通，取得共识。

KPI属于衡量、评价工具，不应与月度薪酬、短期激励挂钩；可以促进绩效改善，但不能包治百病；只是评价关键绩效，不能全面反映员工整体表现；反映了企业战略需求与特定指向，如分解设计不当，可能与现实脱节；激励不及时不给力，价值有限。

KPI 时代已去？

有一网友说：我对KPI是深恶痛绝的，我们公司的KPI惩罚太可怕，哪个月做得不好，就会在你的基本工资里扣20%。有的人还能被扣成上海市最低工资。

我的点评是：有人拿刀做手术切腐疗伤，有人拿刀砍柴添火，也有人拿刀胡乱砍人。错不在刀锋而在人。

其实，KPI只是将公司目标转换为员工目标的衡量工具，通过目标一致、利益趋同，达到共同承担、共同分享的管理目的。

KPI常常被挤在对抗的境界。员工一般不喜欢KPI，因为KPI给了压力，但缺乏动力；老板一般比较喜欢KPI，认为通过考核可以促进员工努力工作、达成目标。

其实，除了老板，没有人喜欢被考核。员工更需要的是激励。

我曾经工作的一家企业，做了三年KPI，虽然对企业发展有一定的贡献，但到了第四年，公司决定取消KPI，改为项目管理。经验证，项目管理的难度与成效还不如KPI。不过，这家企业很矛盾，对于是否恢复使用KPI模式，很是纠结。

如何看待绩效运行的有效性？我认为应该从以下五个方面进行衡量：

（1）业绩是否有显著改善？

（2）员工收入是否有持续增长空间？（增长幅度明显强于市场平均水平）

（3）员工对绩效模式的认同度是否向好的方向转化？

（4）绩效系统是否保持创新能力？

（5）激励模型是否趋向多元化？（分配次数持续增加）

因此，对小微企业而言，更是要慎用KPI，原因如下：

Chapter 3 | 绩效考核——KPI时代已去，KSF时代到来了

（1）KPI并非利益分配模式。KPI只是考核衡量工具，其本身不具备激励功能，虽然可以勉强与激励挂钩，但由于设计所限，关联幅度小，明显力度不足，因此产生的功效并不理想。

（2）KPI的运行需要完整的数据、完善的流程、完备的文化作为支撑，对规划设计的技术性要求也很高，小微企业并不具备这些条件，因此运行的难度巨大。

（3）KPI着眼于中长期的平衡发展，对企业绩效持续优化具有一定的价值。但对小微企业而言，更关注短期成效。

（4）KPI具有一定的专业性，必须充分掌握才能正常运转。除了人力资源管理者需要掌握到位，其他中高层管理者也要学习把握，但这样的要求，在小微企业很难做到。

小微企业不做KPI，不代表企业就不对员工做考核、不做绩效管理，只是考核的方式、模式不要局限于KPI，可以突破传统KPI的框框，建立适合小微企业经营管理现状的N—KPI模式：

（1）KPI的"KISS原则"：Keep it short and simple，指标精致，员工认同。精选少量指标，操作流程追求简单高效。充分征求员工意见，取得共识。

（2）强化目标管理。以目标为导向进行贡献评价。

（3）改良评分、打分方式。可以参考积分式，将上级评分转变为员工为自己争分。

（4）做价值管理。可以参考KSF薪酬模型，对员工的价值进行归整，并与薪酬融合。

（5）做产值量化管理。可以参考PPV薪酬模型，对员工的个人产出进行定价，鼓励员工为自己工作。

（6）改善员工的综合评估方式。可以参考核心才干评估方式，将评估与考核进行合理区分。

Chapter 4

薪酬全绩效之 KSF 设计技巧

Chapter 4 | 薪酬全绩效之 KSF 设计技巧

宏成咨询曾对 50 家中小企业调研发现，实施绩效考核的企业主要存在以下十一个问题：

（1）考核结果不能真实全面反映工作成效；

（2）考核指标的选择与设置不合理；

（3）考核目标经过努力也不能达成；

（4）上级没有对被考核者进行辅导或帮助改善提升；

（5）未充分听取或考虑被考核者意见；

（6）激励力度不够；

（7）考核实际执行的结果背离了考核的初衷；

（8）考核太复杂，牵扯了太多的精力；

（9）考核结果未及时反馈到员工本人；

（10）目标没有挑战性；

（11）没有考核或没有明确的目标。

排名前四位的是（1）、（6）、（5）、（4）。

我认为，企业实施考核的目的，一定是为了促进管理提升、经营改善。因此，考核本身的核心价值，对于企业而言，必须要发挥此功效。

什么是 KSF？

KSF 又称为"关键成功因子"（key successful factors），是指决定岗位价值的最有代表性和影响力的关键性指标。决定岗位成就的只有少数的关键因素，这些因素具有规律性、决定性、成长性、关联系等特点，每一个因素代表一份特定价值，并与员工薪酬、晋升、奖励相关，聚焦这些因素，并视其为核心目标。在定义上，KSF 其实与 KPI 基本一致；但在操作上，KSF 与 KPI 则有根本性的差别。

KSF 是给员工一份加薪计划，给企业一套改善业绩的方案。它不单边给员工强压目标、任务，更强调给员工加激励加动力。不让员工只为公司而工作，更希望员工为自己而努力，员工收入不是公司给的而是自己创造出来的。最终实现员工利益与企业效益高度黏合，目标一致，利益趋同。

KSF 有何独特价值？

KSF 通过实现"六个转化"，为企业与员工创造超价值：
(1) 将企业目标转化为员工目标；
(2) 将企业要员工做到转化为员工自己要做到；
(3) 将笼统的职责转化为清晰的价值；

（4）将对立的利益冲突转化为协作的做大共赢；

（5）将管理层或团队的责任转化为所有员工的共同责任；

（6）将员工为企业或他人而做转化为员工首先为自己而做。

对于正在做绩效管理的企业，KSF 比 KPI 更注重老板与员工的利益平衡，容易被员工接纳。对于还没有做绩效管理的企业，KSF 既是一份加薪计划，同时又是一个快速改善企业绩效的系统方案。对于还在用固定薪酬模式的企业，KSF 可以打破传统薪酬的刚性痼疾，构建激励性、增长性、全融合的薪酬绩效。

快效是 KSF 的核心

传统绩效考核模式存在一定的管理滞后性，通常要在实施后的半年甚至一年后才能看到明显效果，而且这个效果可能只存留于管理改善，还不直接促进经营优化、利润增长。所以，在花费大量人力、物力、财力后，面对起效慢、效果不显著、无法持续优化等先天缺陷，很多企业会选择不推行或者半途而废。

但是 KSF 强调两点：

（1）直接面对员工的薪酬，而且与大部分薪酬相关，因此从员工的角度来看，必须快速执行到位，提高自己的收入。

（2）直接面对经营成果，通过产值化与价值化，大力促进经营成果的改善，而且只有经营成果得到改善，员工才能获得更多收入。

正是由于 KSF 抓住这两个要点，无论是企业主还是员工，都期待业绩优化、收入提高,而且是快效实现。

每位员工都有一个共同的期望:工资收入持续增长。但如何才能实现?

高收入是不是一年一年地单一往上拔出来的?

显然,这种传统的拔高方式,不仅不利于员工收入的持续增长,而且伤害企业的竞争能力、盈利能力与持续发展能力。

KSF 与 PPV 通过"价值分割、薪酬分块",不断扩展岗位与员工的价值点、收入通道,让员工从更多地方获取收入。收入来源多了,收入自然就会高!

KSF 与传统考核工具(KPI)的区别

KPI 与 KSF 有哪些区别?

(1) KPI 是关键业绩指标,KSF 是关键成功因子;

(2) KPI 反映综合绩效,KSF 反映成功因素;

(3) KPI 用于绩效评价与提升改善,KSF 用于衡量核心价值结果;

(4) KPI 可与员工晋升、目标管理、特别激励关联,KSF 则可直接与员工报酬体系挂钩;

(5) KPI 用于综合绩效管理,KSF 用于价值与分配管理。

KPI 强调公司的需求,KSF 强调员工的需求。KPI 是要求员工为公司而做,KSF 是启发与调动员工为自己而做。KPI 没有直接给员工足够动力,KSF 强调的就是必须强化源动力。

员工不喜欢 KPI，但却对 KSF 抱有神秘的好感。KSF 是企业与员工共赢的桥梁，容易获得劳资利益的平衡与共识，更是企业力量的爆发点，直指企业成长管控与利润增长。

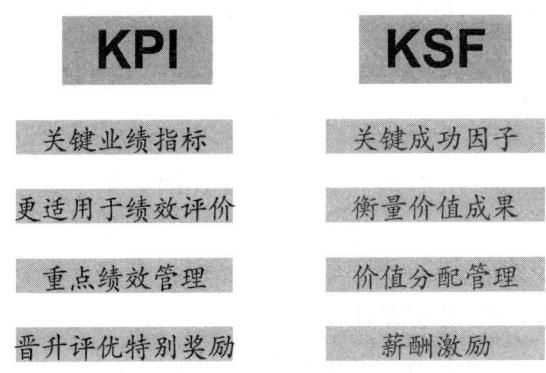

为什么小微企业做 KPI 不如做 KSF？

KPI 存在以下四大天然硬伤，影响其更多功能的发挥，它的运用是有很大局限性的：

（1）关注结果远多于关注过程。但是，没有好的过程如何发生好的结果。

（2）其本质为目标管控，缺乏系统性、激励性的绩效改进。

（3）采用权重模式，表明其更适合作为评价方式，很难运用于利益分配。

（4）对数据完整真实性、流程系统性有高要求，否则无法发挥正常价值。

点评：当下盛行的 KPI 绩效考核模式，其实更适合作为评价性工具，因此，将 KPI 与局部薪酬挂钩的传统做法，通过一些浮动、激励，虽然具有一定的正面价值，但意义并不大，持续向上的动力不足，成功率非常有限，多数流于形式或半途而废。

我虽然长期研究运用 KPI 模式，但真正对中小企业有价值的，我认为还是 KSF 模式。

KSF 与传统薪酬模式的区别

薪酬的核心价值是什么？

薪酬有很多特性，其实整合起来就是四大特性——规范性、公平性、激励性与增长性。如何将这四大特性排序，你会将哪个排在前面呢？

如果你将规范性和公平性放在最重要位置，意味着你的薪酬设计是相对固定的。

例如：很多企业是先把员工分相应的等级，比如，A1，10000 元；A2，11000 元；A3，12000 元。类似这样的做法，然后写出很多薪酬的制度，但是，大部分薪酬设计都是强调约束，强调标准。所以，你在讲究规范性和公平性的时候，是低价值的设计。

薪酬的核心价值在于"驱动力"。怎样才能驱动员工？一是高薪酬高绩效，这就是激励性；二是不断增长，让员工看到未来。对员工来说，最好的愿景是什么？就是收入不断增加，达到自己理想的标准。

KSF着眼于如何强化薪酬的激励性与增长性，实现在经营目标、价值贡献的基础上，如何公平、共赢地分钱。

KSF对传统思维与管理模式的冲击和挑战

第一，破"定薪级"。比如说你请了一个高管，在A1这个等级，你每个月要交给他10000元，少给行不行？不行，那么在操作的时候要改为：我现在告诉你A1这个岗位不是10000，而是8000到12000，做得好可以拿到12000，做不好只有8000，但是你必须制定明确的好与不好的标准。企业在变革的第一件事就是要把定薪级改为定薪幅。对有些岗位你可以做职业规划，你现在是5000，你未来可以做到7000到9000。首先要改变传统的单一的模式。传统的定薪级只适合用在公务员序列。强调公平性、服务性和完善性，但企业是不合适的。

第二，破"定岗"。定岗是企业人事最基础的一项工作，但定岗带来最大的问题是员工不愿意做岗位以外的事情，哪怕工作负荷小、闲余时间多，员工也只想做分内的事。所以，要改为定价值。要用价值来衡量，员工可以做很多事情，分内分外的，只要把价值体现出来，做出更多的价值，就将获得更多的收入。中小微企业要多培养一专多能的复合型人才，要将岗位打造成复合型、弹簧型岗位。

第三，破"定编和定员"。例如某部门定编8人，如果缺一个人，部门经理就会要求公司立刻补人，即使没活干也要补齐，这是浪费人效的根源所在。所以，要改为定预算和定产值，用预算来管理，预算背后设有对应的激励。比如人创绩效、工资费用率等指标，非常有助于管控人效与费用。

第四，破"定任务"。任务是为别人而做，目标是为自己而做。任务是上级下达的，目标是自己要求做到的。让员工为自己而做，才是最有力量的。

KSF 设计技巧

KSF 的设计原理是什么？

员工的核心价值不在于将所有的事情都做好，而是将重要的事情做好！

这些重要的事情并非完全是员工自己认为的，而是职责定位或由上级决定的！

将岗位重要的职责及公司所需要的结果进行归纳梳理，并形成目标或标准，就是决定岗位价值的关键因子！

KSF 的主要设计原理是：价值分割，薪酬分块。

定出可操作的 KSF 的十个步骤：岗位分析、价值提炼、战略梳理、目标分解、数据整理、平衡利益、整合测算、激励规划、沟通共识和自我计薪。

在 KSF 的设计过程中，通常会出现这样的误区，将工作职责、岗位标准直接转为指标，缺少提炼、目标管理与高要求。设置过多的标准类指标，将高价值岗位设计成低价值模式。忽视数据的重要性，定少评多。指标选设与团队价值、公司产值的黏合度低。指标设置考虑不足，如弹性、平衡点、浮

Chapter 4 | 薪酬全绩效之 KSF 设计技巧

动区间和奖扣尺度。

我在服务企业时,经常看到这样的指标:

工作计划完成率 100%

人事报表准确率 100%

服务品质达标率 100%

我就问大家,你们有白头发吗?有人就会数一下,回答说"有,十来根"。我又问他,你的白发率是多少?

如果找不到分母,不要随便用"率",指标设定要讲考核性,有时可以从反向思维的角度出发,找到可考核性的操作方式。

例如:准确率的反向指标是差错率,或者差错次数。服务品质达标率的反向指标是退货率、客户投诉率或次数、次品率等。

某企业人力资源部为属下的一岗位"人事专员"订立以下几个指标:

(1) 员工考勤差错次数;

(2) 员工档案差错次数;

(3) 上级安排工作达成率;

(4) 团队协作力(主动配合其他同事,如招聘、培训组织);

(5) 发现员工未带工牌个数;

(6) 周计划、月计划上交及时性。

你认为这样的指标合理吗?

这样的设计看起来没有多大的问题,黏合度也不错,但存在以下两个问题：

一是考核的操作性不强，比如差错次数，执行考核的岗位上级管理者，除非关系有问题，一般情况下上级不太可能很客观地反映出这项指标的结果。

二是指标的层次比较低，对员工真实价值、潜在价值的反映能力比较差。试问，人事专员的核心价值就是不出错吗？要注意：指标一定要反映核心价值，对于工作事项的管控，可以通过岗位责任制、工作承诺等来实现。

很多企业喜欢将"毛利率"设定为核心的 K 指标，我认为其作为考核性指标利大于弊，一是容易忽视客户的利益，二是片面鼓励员工销售高毛利的商品，或因为在议价时缺乏必要的灵活性，最终反而损失整体毛利。所以，在考核指标选取时，一般情况下建议优先选择毛利额。

有些老板与我交流时，问我本行业的利润率参考值应该是多少，我回应说，如果你们的利润率达 99% 又如何，利润额才是最重要的。可设浮动项目费用率、投资回报率、利润额等指标。

指标设立反映企业的价值偏向。指标设立错误，可能导致考核无法取得员工认同，甚至抵触。指标是经脉，目标是血液。经脉错乱，血液难通。

在绩效指标选取设计时，我的具体建议是：确实不能量化但非常重要的工作价值，以要求和标准为导向设立，但要防止标准过多，每项不宜超过三个；不能量化，又没有标准，或者不太重要的，可以打包在一起，相应明确工作项目与职责。

为有效管理各项指标，建议设立指标库，有如下几个作用：

（1）便于分门类、分方向、分类型等统一管理各项指标；

（2）便于在选取指标时进行比较；

（3）便于每个考核周期，对指标进行一定比例的创新与调整；

（4）便于指标本身的使用归类。

凡是考核都有漏洞，凡是指标都有矛盾。

讲一个小故事：有一年轻人在酒店客房喝了很多酒，抽了很多烟。第二天早上起来退房的时候，服务员发现客房地毯被烟头烫出了三个洞，于是就告诉年轻人损坏酒店设施要赔钱，年轻人就问服务员如何赔法。服务员说，根据酒店规定，每个洞要赔一百元。年轻人向服务员确认这个赔法后，点燃烟头将三个洞烧成一个洞。

考核可以有漏洞，但不能有这样致命的漏洞。

再讲一个小故事：女主人发现家里有老鼠，于是要猫每天抓一只老鼠来向她报告，抓到就给鱼吃。猫想：怎样才能天天有鱼吃呢？它去找老鼠商量："你每天在洞口出现，我抓你后不吃你，咬着你到主人那儿转一圈就放你回去。你让我每天得到鱼我就保证以后不吃你，好不好？"

点评：女主人要的是猫抓老鼠，还是消灭老鼠？为什么猫没有做到女主人的期望，同样天天得到奖励？

指标的本质有两个方向：一是相互促进型，例如销售额与毛利额，若销售额增长，毛利额也会随之增加；二是相互制约型，例如商品缺货率与库存周转天数，如果要缺货少，那么库存就要增加，反之亦然。

指标的矛与盾就好像人性一样，既想干活少，又想收入高。这并不可怕，可怕的是在指标设计时，头痛医头，脚痛医脚，摁下这个浮起那个，缺乏对指标库整体的规划，也由于对指标本质的理解不到位、业务不熟练、心态不端正等，人为地忽视制约原理。

例如，一家连锁企业，面对商品缺货率与库存周转天数两个指标，就做了如下的设计：

采购业务部：A类商品缺货率占15%，库存周转天数占10%；

营运管理部：A类商品缺货率占10%，库存周转天数占15%。

点评：首先框定的是A类商品（指销售量大、销售周期短的商品），并非关注所有商品，令考核具有明确的导向性；采购业务部负责采买，要保证不断货，及时向经销商或厂家下单；营运管理部负责对门店进行管控，在内部下单时要有计划，认真参考销售指导数据。至于将缺货率权重调低于库存周转天数，是因为门店习惯存货，增大销售，但因此挤占公司资金，并造成后续不动销或商品过期风险。

总结一下，考核必记"三凡是"：（1）凡是考核都有漏洞，凡是指标都有矛盾。但漏洞不要致命，相信矛盾处理好了就是良性的。（2）凡是利益都有局限，凡是激励都有副品。没有绝对的真理，当前适合有效就是硬道理。（3）凡是预算都有空子,凡是制度都是人为。一堵就死,一放就乱,不如堵中有放,放中有堵。

考核本身就充满了矛与盾,在设计时,既要有矛又要有盾,增长型、发展型企业会选择更多的矛,而求稳型、成熟型企业则会做好盾。

矛与盾其身并不矛盾,只是我们看问题的角度不同而已。巧妙利用好矛盾关系,有利于企业内部形成攻防有序、进退自如、牵制互济的管控格局。

KSF 落地指引

KSF 的新四原则

(1) 利他:首先有利于员工,利他才能利己,最后共赢;

(2) 数据化:目标、指标以及薪酬标准测算用数据说话;

(3) 激励性:高绩效的基础是高激励,薪酬模块丰富,激励须多元化;

(4) 员工计薪:员工能计算自己的产值与价值,工资也是员工自己算出来的。

KSF 在企业落地的关键事项

不要以降低员工的收入为方向,根据三线原则,令员工有丰富的获得收入增加的机会,关键因子、权重、衡量标准等是与员工共识的结果,开放更多机会,令员工可以从其他工作中获得收入,采用"匀"办法,令员工有一定的安全感。

KSF 落地的主要障碍是什么?

(1) 领导者的决心,面对各层次员工不满现状又拒绝改变的问题,迟疑不决;

(2) 管理者的担心,主要担心自己的利益受到影响,恐惧于未知的挑战;

(3) 设计者不够虚心,不具备足够的专业经验、技术能力,想当然、自以为是;

(4) 坚持不懈的恒心,任何改变都需要时间和坚持,半途而废是管理革新之大忌。

领导者下定决心,管理层充分信任,设计者用心学习实践,遇到问题与困难,共同面对,坦然处之,利他共赢。企业的薪酬绩效变革没有不成功的!

KSF 落地需要三大支撑

一、预算系统

(1) 目标:目标来源于预算,细分目标来源于精细的预算。

(2) 分配:预算是对资源的多次、细致分配。分配的过程就是价值整合的过程。

没有做好预算,数据得不到保障,目标不够清晰具体,价值发掘不能充分深入,考核激励更无落脚之地。

说明:每年 10~12 月做预算(大中型企业每年 9 月份就开始做来年的预算),每年 5~6 月对下半年预算进行调整修正。

二、内部管理报表

(1) 检视目标;

(2) 提供数据;

Chapter 4 | 薪酬全绩效之 KSF 设计技巧

(3) 经营分析。

三、K 目标计划

(1) 以 K 目标为导向,制订年、季、月、周计划,销售型企业甚至将目标细化到天,并制订日计划。

(2) 对于周 K 目标计划,组织检视、总结。

绩效变革比任何变革都要难,因为向上影响着企业的利益与发展,向下关系到员工的"钱"与"前"。正如李克强总理所言:触动利益往往比触反灵魂还难!但企业不变革,以后可能会更难!因为你的员工内心不满现状,你的竞争对手正在迎难而上。

KSF 实操案例

岗位初级分析表(填写模板)

姓名:张三   入职时间:2010 年 10 月   调到本岗位时间:2011 年 10 月

1. **管理关系图**

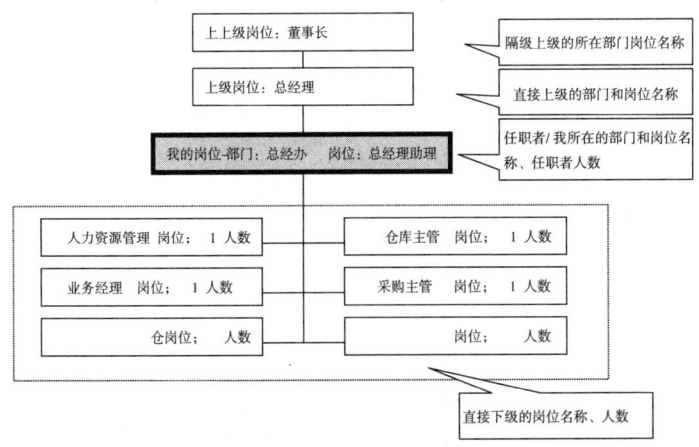

绩效核能（行动版）

2. 岗位工作范围概述

请在方框内简要描述岗位的工作范围：

现在主职工作：	
协助总经理分管人事、行政、员工培训工作。根据总经理授权承担公司日常内部工作的布置、实施、检查、督促、落实执行情况，负责公司新管理模式的建设与实践，推动以积分制与全员营销为核心的企业文化建设，支持业务团队达成挑战目标！	
现在兼职工作：	
财务部审计工作	
我感兴趣的其他岗位或工作： 副总经理	我认为可与我所在岗位兼容的岗位或工作： 人力资源管理工作

3. 岗位工作职责

列举本岗位的主要职责，按照重要程度进行排序，以及各项职责应达到的目标（成果）、花费时间占比。（备注：以月为单位测算）

职责序号	工作职责项	这项工作的价值	这项工作产出的目标与结果	花费时间占比%
1	公司团队建设	①定期有计划地组织开展高效会议、安排约谈与巡检，指导与检视各部门工作进展与工作结果。提升团队凝聚力、创造力和执行力。 ②关怀员工，维护员工团结与稳定	支持各部门工作目标百分百达成； 核心人才与老员工保有率； 上半年5月底前到岗：招募营销策划总监、财务经理、仓库经理各1名；下半年：留住新管理者	15%

Chapter 4 | 薪酬全绩效之 KSF 设计技巧

(续表)

职责序号	工作职责项	这项工作的价值	这项工作产出的目标与结果	花费时间占比%
2	公司企业文化建设	用心建设积极正面的企业文化，形成良性的工作环境，提升员工士气	积分制的优化与深化（建立标准）；企业文化墙与文化活动（建立标准）；创造提升团队士气的活动（建立标准）	10%
3	带领团队提升绩效	推动目标管理，支持销售业绩跟踪与不断激励业务团队达成销售目标；支持业务团队及时解决销售工作中遇到的困难与障碍	销售额（挑战目标）；毛利（挑战目标）；利润	30%
4	核心人才培养	建设公司人才阶梯队伍，为公司储备管理人才，满足公司发展的需要	每月培训课程时间不低于8课时；培养五位管理储备人才	10%
5	建立有效机制，完善制度建设与执行	建立与推行新的薪酬激励与绩效管理机制，规范企业内部管理，促进企业健康发展，建成企业良好的分配激励与制度文化	上半年—重点：①薪酬激励机制；②绩效管理机制；③预算管理制度。下半年—重点：待定	10%

绩效核能（行动版）

(续表)

职责序号	工作职责项	这项工作的价值	这项工作产出的目标与结果	花费时间占比%
6	管理费用控制	以预算为导向，采取各种措施，节能降耗，提升企业利润率	2012年每月管理费用率与2011年度同期比下降5%以上	10%
7	人效提升	指导合理的人员配置与薪酬设计，通过提升员工工作技能、流程优化、分工协作，提升员工工作效率，优化资源配置	提升每百元工资毛利额；合理管控工资费用率	5%
8	其他工作项目	负责来宾接待；每天审核财务数据准确性	提升公司形象；确保财务信息与数据准确	10%

填写说明：花费时间占比是指该项工作职责以月为单位，需要花费的时间和占总时间量的比率，通常采用估算法。例如，某项工作，前后需要做13天整，那么其占比约为50%（月以26~27天计）；又例如，某岗位工作内容不太固定，每月需要花费约10天的时间来做上司安排的工作，可以书写为"完成上司交办的工作，工作花费占比为10/26即38%"。各项合计应等于100%。

Chapter 4 | 薪酬全绩效之 KSF 设计技巧

生产部管理层 KSF 薪酬绩效方案

岗位：生产部经理：xxx
单位：某有限公司
制表：xxx

项目		K1	K2	K3		K4	K5	K6		K7	K8	岗位工资
		净产量	人均产能	交件期延误		内返率	外返率	客户投诉份数		核心人员主动流失数	培训课时	
				法国线	英国线			一般投诉	重大投诉			
薪酬结构	月薪权重占比	26%	13%	12%	7%	9%	8%	10%	5%	5%	5%	2000
	金额	1820	910	840	490	630	560	700	350	350	350	7000
	平衡点	50017	134	18	70	0	0	15	2	10	8 小时	
	奖励	每多 1 颗奖 0.6 元	每多 1 颗奖 50 元	每少 1 组奖 80 元	每少 1 组奖 50 元	每低于 0.01% 奖励 5 元	每低于 0.01% 奖励 20 元	少 1 份奖励 80 元	1 份奖 100 元；0 份奖 250 元	每减少 1 人奖 35 元		1.日常工作管理；
	少发	每少 1 颗少发 0.4 元	每少 1 颗少发 50 元	多 1 组少发 80 元	每多 1 组少发 50 元	每高于 0.01% 少发 5 元	每高于 0.01% 少发 20 元	多 1 份少发 80 元	每多 1 次少发 200 元（超出份数少发从其他项薪资扣减）	每增加 1 人少发 35 元	每少 1 小时少发 50 元	

绩效核能（行动版）

（续表）

项目	K1	K2	K3		K4	K5	K6		K7	K8	岗位工资
	净产量	人均产能	交件期延误		内返率	外返率	客户投诉份数		核心人员主动流失数	培训课时	
			法国线	英国线			一般投诉	重大投诉			
薪酬说明	1.不计重做、修改；2.种植体的折算方法另计	1.学生、学徒按0.5折算；2.不含经理本人；3.月人数=（月头+月尾）÷2	到货异常（如：节假日、航班晚点、突然增量的需同客服沟通待遇同客户延时）	略		1.派单为重做的；2.改设计、改材料不算（车间提供充分的依据给客服确认）	1.一般投诉：客户书写E-mail投诉并由客服开单出来并由业务总监沟通函单或沟通函；2.重大投诉：①客户直接打电话给总监石或业务总监并造成经济损失50美金以上的；②因投诉引起单个客户月末货量下降10%以上		1.员工工龄1年以上的为核心员工（实习生7个月以上为核心员工）；2.公司解雇或裁员的不算（通过人力资源、生产部共识的）	1.共识，每月4次，每次2小时；2.每月5号提交培训计划表（计件\课件\考核）	2.车间现场的工作环境、现场纪律、设备管控等
数据提供人											

Chapter 5

薪酬全绩效之 PPV 设计技巧

Chapter 5 | 薪酬全绩效之 PPV 设计技巧

在很多企业，二线操作层员工除了考勤，没有考核。或者用所谓打分的办法来充当考核。更多的情况下，比较依赖老板或管理层的工作安排、监控、督促，缺乏主观能动性。

二线操作层员工的考核的确是比较难的事情，因为：

（1）工作烦琐，工作量与价值很难量化；

（2）缺乏足够的数量管理；

（3）工作内容变动大，规律性差，很难统一操作，无法形成目标管理。

什么是PPV？

PPV（personal production value）是指基于个人产值、价值的薪酬计算模式。强调按个人的产出和价值计算员工报酬。

PPV的设计原理：企业与员工是一种交易关系，企业向员工购买他直接贡献的产值与价值。如果员工做出的结果达不到企业的要求，企业可以对既定的产值标准进行减扣，并按实际认同的产值计算产值回报。

上面提到产值，有必要对产值化管理中的一些名词进行解释。

实产值：直接创造企业收入的产值。如销售、产量等。

虚产值：不能直接对应企业收入的工作量。如行政服务、财务服务等。

公共产值：可以开放给其他岗位的产值。

岗位产值：仅限指定岗位完成的产值。

可明确定价产值：易测量且有明显测量意义的产值。

打包产值：不易测量或无明显测量意义的产值。

Chapter 5　薪酬全绩效之 PPV 设计技巧

PPV 有何独特价值？

二线操作层员工的薪酬机制，一直是大多数企业的难题。比如财务人员、行政人员、HR 部门等等。他们的工作琐碎、规律性不强、目标少、量化程度低、经常变动职责、临时事务多……在激励上，常常是奖少扣多。在管理上，很难量化和检视。

一线员工可用目标激励、计件计薪，实现多劳多得、多创造多回报。二线操作层员工可以做到吗？

如果将二线操作层员工的工作以 PPV 的模式（个人产值化＋价值化）进行设计，相信可以解决这个难题。

一家企业人力总监回到《绩效核能》课堂上说：二线基层员工做了产值模式，积极性完全不同，比如以前财务部的员工们都不想做录发票、盖章的事情，现在抢着干；员工以前怕工作忙、盼清闲，现在主动找事做。因为各项有价值的工作都实现产值化，定价计薪、多劳多得。

在运行 PPV 模式后，企业开始做这样的事情：

（1）不再为员工如何加工资而操心，而是将加工资改变为增加价值点和产值项目。

（2）员工做不好，不再是扣工资，而是扣产值。因为员工要上交工作结果，才能得到对应的产值。

（3）员工调动工作岗位、增减重要工作项目，不再是工资只能加不能减、不关注结果效果,而是根据工作拼盘与定价设计,以结果来核算员工的劳动报酬。

潜能驱动——PPV 模式

案例:林肯模式

林肯电气公司总部设在克利夫,年销售额为 44 亿美元,拥有 2400 名员工,并且形成了一套独特的激励员工的方法。该公司 90% 的销售额来自于生产弧焊设备和辅助材料。

林肯电气公司的生产工人按件计酬,他们没有最低小时工资。员工为公司工作两年后,便可以分享年终奖金。该公司的奖金制度有一整套计算公式,全面考虑了公司的毛利润及员工的生产率与业绩,可以说是美国制造业中对工人最有利的奖金制度。在过去的 56 年中,平均奖金额是基本工资的 95.5%,该公司中相当一部分员工的年收入超过 10 万美元。近几年经济发展迅速,员工年均收入为 44000 美元左右,远远超出制造业员工年收入 17000 美元的平均水平。

公司自 1958 年开始一直推行职业保障政策,从那时起,他们没有辞退过一名员工。当然,作为对此政策的回报,员工也相应要做到以下几点:在经济萧条时,他们必须接受减少工作时间的决定;要接受工作调换的决定;有时甚至为了维持每周 30 小时的最低工作量,而不得不调整到一个报酬更低的岗位上。

林肯电气公司极具成本和生产率意识,如果工人生产出一个不合标准的部件,那么除非这个部件修改至符合标准,否则这件产品就不能计入该工人的工资中。严格的计件工资制度和高度竞争性的绩效评估系统,形成了一种很有压力的氛围,有些工人还因此产生了一定的焦虑感,但这种压力有利于生产率的提高。据该公司的一位管理者估计,与国内竞争对手相比,林肯电气公司的总体生产率是他们的两倍。自20世纪30年代经济大萧条以后,公司年年获利丰厚,没有缺过一次分红。该公司还是美国工业界中工人流动率最低的公司之一。前不久,该公司的两个分厂被《财富》杂志评为全美十佳管理企业。

PPV与固定薪酬模式的区别

由于二线操作层员工的工作具有以下特点,所以,固定薪酬几乎成为首选的薪酬方式:

(1) 工作烦琐、细微,无法量化(量化成本很高);

(2) 工作范围、工作内容经常变动,缺乏规律;

(3) 工作难度、强度的衡量没有可参考的标准,无法价值化;

(4) 临时性的工作项目多,处于被动性的工作地位,无法高效管理。

由于多数采用固定薪酬模式,同样带来很多问题:缺乏工作主动性与积极性，喜欢攀比工资高低，不愿意承担责任，忽视工作结果，工作配合性很差，只做分内的事情……

固定薪酬模式，是很多中小企业人效低下、执行力差的一个重要根源。同时，也扼制了人才的成长动力，不能将人的潜能与价值充分挖掘出来，极大地浪费了人才与人效。

有的企业用 KPI 来考核二线操作层员工，效果并不好，因为 KPI 是强调目标管理的，但这个层次的员工并没有多少目标而言。

有的企业用 CPI 来考核，但是由于 CPI 缺乏系统性设计，又是以扣分扣钱为主，负激励多，正激励少，容易引起员工不满，而管理层通常也不愿意执行员工经常被扣罚的处理方式。

对于操作层员工而言，不是先做好考核，而是先设计对他的激励。先把岗位的工作量做满，把结果做好，把效率做高，再来衡量员工的整体价值。

想想看，甲岗位员工每天很忙很累，工作量很大，但考评后只得了 6 分；乙岗位员工每天工作量只有 4 小时，轻松安逸，但考评后却得到了 9 分。这样的结果很可能发生，当然会引起员工的不满。

PPV 设计技巧

PPV 设计的三大原理

（1）多劳多得：让员工为自己干，做的越多越好，收入就应该相对越高。

(2) 一专多能：在拥有一技之长的基础上，在有主职角色的基础上，让员工可以同时承担更多的工作角色，发挥更大的作用。

(3) 复合价值：根据工作流程与工作量，以高效为目标，合并部门、岗位的职责功能，4个人的活交给3个或2个人干，通过优化人效，给员工更多提高能力、增加收入的机会。

PPV的设计理念及步骤

从固定薪酬的概念上来讲，如果员工犯错、无法达到标准、未正常履行职责，通常企业是采用批评纠正或直接罚薪的方式来处理。如果处理轻，员工不在意。如果处理重，员工会反弹。而罚薪，除了老板，管理层都习惯于做老好人，导致各种规则制度无法正常执行。当然，处罚多了，更容易引起员工反感，影响工作状态及归属和认同，还会加大员工的流动率。

对于企业而言，既然支付了薪水，就应该得到员工相应的劳动成果。由于报酬设计方式上，采用整体打包和前置确认，对工作结果和效果也无法量化和明确，所以导致员工的价值贡献与企业的报酬支付无法形成对等的、公平的交换。

就是说，或者员工出了很大的力，却得到不高的报酬。或者企业发了不少的工资，却得不到相应的员工价值。

> 企业与员工的三种关系：
>
> 第一层：雇佣关系
> 　　　钱＜力（人口红利）；力＜钱（粗放管理）
> 第二层：交易关系
> 　　　钱＝力（价值评估、利益共赢、公平分钱）
> 第三层：伙伴关系
> 　　　钱＞力（未来价值）；力＞钱（事业驱动）

PPV将企业与员工的关系定位在第二层关系：交易关系。即通过科学设计，建立企业与员工交易规则，明确企业向员工购买什么？如何购买？如何定价与结算？

了解了这些以后我们再看看PPV的设计步骤：

第一步，分析，岗位重点分析：工作事项、花费时间、分布规律、工作强度难度、工作价值、测量方式。

第二步，量化：找出易测量的部分，并对易测量的部分进行时间、数量、价值分析，易测量的部分为工作总量的30％～50％。

第三步，定价：初定易测量部分的工资占比，并分别定价。

第四步，归类：岗位产值，指定岗位或流程紧密的岗位才能做的部分。公共产值，通过培训或指导，可以公开招募执行者。

第五步，测算：测算各岗位的可能性收入，通常，测算后的工资会低于原工资。

第六步，打包：对不易测量部分进行分类打包，并建立管控标准。

第七步，开放：开放更多的公共产值，进一步提升人效。

第八步，优化：不断调整、修正、扩充产值项目。

Chapter 5 | 薪酬全绩效之 PPV 设计技巧

PPV 落地指引

PPV 在应用时和 KSF 有一点区别，PPV 适用于二线基础岗位、操作型人员，而 KSF 适用于中高层管理者、业务型人员，对于复合型岗位则可以 KSF＋PPV 组合使用。

我曾经做过一家房地产企业的顾问。员工收入远高于市场行情，工作午餐标准达到 20 元，公司年会都是选在丽江、张家界等名胜风景区，管理层配车送房，工作压力小。但是，员工仍然不满意薪酬福利，总是抱怨批判老板小气。企业既要关注员工收入，还要为员工创造学习机会、健康心态。否则，付出再多的钱也没用。

对于员工，如果总是将焦点对准个人薪酬、利益，过分关注短期回报，可能得到眼前的一些好处、蝇头小利，但必将失去未来重大利益、美好前程。

总之，PPV 模式是一种潜能驱动模式，是一种基于个人产值与价值的激励性薪酬模式。产值量化考核是指将员工的工作职责、工作内容、工作项目、工作结果等以标准化、规则化、价值化的方式进行量化考核计算，并直接与员工的收入挂钩，形成多劳多得的利益分配机制，解决了员工工作积极性和主动性、跨部门工作、复合型人才、员工加班工作、主动付出等企业管理困惑，相比传统的计件工资、绩效工资等更具激励活力。

绩效核能（行动版）

PPV 实操案例

某公司行政人事 PPV 方案

某公司行政人事 PPV 方案（节选）

序号	类别	工作事项	工作标准/说明	产值标准	单位	考核与计算方式	备注说明	归口管理部门	归口责任人	统计人
1	人力资源类	实习生批量引进	—	5000~1.5万	元/批	40人以上：1.5万产值；21~40人：1万产值；10~20人：5000元产值	合作次年如继续引进，则同继续享受	人资部	人资部经理	人事助理
2		担任内训讲师	有课件或讲义，经部门经理/分管总监批准	100	元/小时	以培训岗提供的课时数为准	—	人资部	培训岗	培训岗
3		培训课程开发	①按人资部课程体系需求开发新的课程（授课时间2小时以上）；②培训专员对新课程进行开发指导，素材提供、组织新课程试讲评估等	1500~2000	元/小时	①被采纳：自行开发：500~2000元/课时；发掘他人开发课件视频1500~2000元课件个；②未被采纳：自行开发：1000元/产值个	—	人资部	培训岗	培训岗
4		课程培训与讲授	—	300	元/小时	以公司统一组织的为准，以0.5小时为最小计算单位，根据培训规模（参加人数）、层次系数、送教系数和培训效果评估系数得出具体课酬（详见《培训课酬管理办法》）	—	人资部	培训岗	培训岗

— 90 —

Chapter 5 | 薪酬全绩效之 PPV 设计技巧

（续表）

序号	类别	工作事项	工作标准/说明	产值标准	单位	考核与计算方式	备注说明	归口管理部门	归口责任人	统计人
5	人力资源类	残疾人用工介绍	按公司计划与需要，人职 3000 元产值，非人职 1000 元产值	1000~3000	元/人	分两次计发：人职满 1 个月和 7 个月后各计发 50%	—	人资部	人资部经理	人事助理
6		进行员工慰问（生育、因病住院）	到员工家里或医院现场进行慰问	200	元/人	—	—	人资部	人资部经理	人资部经理
7		储备干部选拔	按要求进行储备干部的选拔，发布通知，准备试题，组织评委，结果发布等	800	元/次	如未按时间完成，扣 300 元产值	—	人资部	人资部经理	人资部经理
8		店经理竞聘、选拔	按要求进行店经理竞聘选拔，发布通知，准备试题，组织评委，结果发布等	300	元/次	—	—	人资部	人资部经理	人资部经理

绩效核能（行动版）

（续表）

序号	类别	工作事项	工作标准/说明	产值标准	单位	考核与计算方式	备注说明	归口管理部门	归口责任人	统计人
9	人力资源类	员工档案的建立与维护（含档案袋、电子、OA、时空等）	员工信息在变化的3个工作日内完成维护、更新	3000	元/月	完整、无错漏奖励300元产值，3个以上每个扣20元产值；因档案不完整而造成用工风险，每个扣1000元产值，可倒扣	—	人资部	人事助理	人事助理
10		劳动合同签订、续签、日常维护	100%签订、无错签、漏签、过期未续签等	1000	元/月	发现错、漏、过期，每个合同扣2000元产值，可倒扣	—	人资部	人事助理	人事助理
11		办理人离职手续	入、离职按规定时间办理，并于当天在花名册中进行录入、调整	30	元/人	资料、手续完整按标准计发，如出现资料不完整，每延迟1天，扣100元产值	—	人资部	人事助理	人事助理

Chapter 5 | 薪酬全绩效之 PPV 设计技巧

（续表）

序号	类别	工作事项	工作标准/说明	产值标准	单位	考核与计算方式	备注说明	归口管理部门	归口责任人	统计人
12	人力资源类	劳动用工及社会保险关系办理	①每月30日之前完成当月社保参停手续，劳动用工申报，终止手续；②每月20日前完成当月社保报表；③每年按要求完成珠海社保年检工作（外区域另行规定）；④每次社保缴费标准或比例调整，必须在社保局公布1个月内向总经理室、总裁室、集团人力资源部呈报	1800	元/月	①及时办理按100%计发产值，延迟停保未造成公司损失者，每人次扣50元产值，延迟停保给公司造成损失者需承担公司损失金额；②③延迟或漏报，每次扣200元产值	—	人资部	人事助理	人事助理
13		某地区各分店的社保证的办理及年审工作	每年必须年审一次并缴纳一年内的劳务调配费（不限时间）完成一个证的年审及缴纳费用，以500个计算	500	元/店	延误，每次扣500元产值	—	人资部	人事助理	人事助理

绩效核能（行动版）

(续表)

序号	类别	工作事项	工作标准/说明	产值标准	单位	考核与计算方式	备注说明	归口管理部门	归口责任人	统计人
14	人力资源类	技师调度安排	配合政府部门检查需求，按标准调配安排技师在岗	100	元/人次	延误，每次扣100元产值	—	人资部	人事助理	人事助理
15		每月定期出具人事报相关表，以及提供相关人事数据	每月5日前完成上月人事相关报表、16日前完成上半月区域人员报表统计	700	元/月	准确、及时完成按100%计发产值，发现1处错漏扣10元产值，延迟1天扣50元产值。遇法定节假日，以协商时间为准	—	人资部	人事助理	人事助理
16		总部员工招聘	入职：办理入职手续，并工作满一周；不合总部理货员、防损员、盘点员	500~5000	元/人次	①产值计算以成功入职人为准：员工级500元/人，主管级1000元/人，经理级2000元/人，总监级5000元/人；②招聘及时性考核：招聘周期：员工级30天，主管级40天，经理级60天，总监级90天。未及时招聘到岗，每次扣250元产值，主管级500元产值，经理级1000元产值，总监级2500元产值	—	人资部	人资部经理	人资部经理

Chapter 5 薪酬全绩效之 PPV 设计技巧

(续表)

序号	类别	工作事项	工作标准/说明	产值标准	单位	考核与计算方式	备注说明	归口管理部门	归口责任人	统计人
17	人力资源类	员工劳动纠纷处理	内部处理达成一致，按1000元产值/单计；经过劳动部门调解或申裁，按2000元产值单计	1000~2000	元/人	内部处理达成一致，按1000元产值/单计；经过劳动部门调解或申裁，按2000元产值单计	—	人资部	人资部经理	人资部经理
18		分店员工招聘	入职：办理入职手续，并工作满1周；含总部理货员、盘点员	20~300	元/人	①面试后未入职：实习生20元产值/人，普通员工50元产值/人；②面试成功入职：实习生50元产值/人，技师100元产值/人，普通员工100元产值/人，技师、管理人员300元产值/人	—	人资部	人事助理	人事助理
19		外出现场招聘	独立完成现场招聘预订、参加、跟进、费用报销、面试	300~1200	元/人次	本地人才和劳务：300元产值/人次，最多1人；英才珠海：500元产值/人次，最多2人；市内校园招聘：400元产值/人次，最多2人；省内市外：500元产值/人次，最多2人；省外：1200元产值/人次，最多2人	—	人资部	人事助理	人事助理

— 95 —

(续表)

序号	类别	工作事项	工作标准/说明	产值标准	单位	考核与计算方式	备注说明	归口管理部门	归口责任人	统计人
20	人力资源类	为行政质管部、办证部提供办证所需证件	以需求部门指定时间为标准	15	元/个证	准时完成按100%计发产值，每延迟1天扣50元产值	—	人资部	人事助理	人事助理
21		集结号安排	根据区域经理支持的分店进行集结号安排	200	元/次	—	—	人资部	人事助理	人事助理
22		学历鉴定	完成员工毕业证鉴定	50	元/个证	以学历鉴定回执单的人数为准	—	人资部	人事助理	人事助理
23		办理员工入户与人事档案托管手续	—	300	元/次	完成的当月计产值	—	人资部	人事助理	人事助理
24		珠海区域每季度缴纳劳务调配费	根据每个子公司的交费账单完成借款并上交指定银行，再完成报销手续	300	元/率	按时完成，未造成公司损失，按100%计发	—	人资部	人事助理	人事助理

Chapter 5 | 薪酬全绩效之 PPV 设计技巧

(续表)

序号	类别	工作事项	工作标准/说明	产值标准	单位	考核与计算方式	备注说明	归口管理部门	归口责任人	统计人
25	人力资源类	员工证件管理	①员工证件保管完整、电子档案维护；②员工所需证件的借出、回收；③新领证件及时入档；④分店所需证件复印件提供	1000	元/月	丢失一个证件，扣1000元产值，并承担办证所有费用	—	人资部	人事助理	人事助理
26		完成门店绩效计算与汇总	每月14日前完成门店的绩效结果	20	元/店	以提供给薪酬岗的汇总表为依据，数据按100%计发产值，数据有误按10元/产值/个为本项产值，每延迟1天扣300元产值；每提前1天奖励100元产值，本项奖励300元产值封顶	—	人资部	绩效岗	绩效岗
27		产值表审核	本项适用于绩效岗，每月16日前完成对总部各岗位产值考核表的审核。审核的内容包括：财务数据、计算方式，同时针对部门数据做到每部门抽查3份	25	元/份	以提供给薪酬表的KPI表或考核表为依据，数据无误100%计发产值，数据有误的按20元/扣产值，每提前1天奖100元产值，本项奖励300元产值封顶，应抽查的数据，如未做到每少一份扣20元产值	—	人资部	绩效岗	绩效岗

绩效核能（行动版）

(续表)

序号	类别	工作事项	工作标准/说明	产值标准	单位	考核与计算方式	备注说明	归口管理部门	归口责任人	统计人
28	人力资源类	积分系统日常维护工作	①积分标准及时更新，录入系统；②人员资料的同步更新；③录入、统计A分、产值；④每月5日前收集各部门《积分制管理奖（扣）单》第一联，并抽查3份部门计）；⑤审核全部积分；⑥阶段性排名统计、奖品发放等；⑦产值和任务奖扣分转化为B分录入系统；⑧建立相关档案；⑨奖票日常管理（盖章和发放）；⑩积分管理相关的其他工作	2500	元/月	①有错漏每个扣30元产值（人员资料暂不考核）；②当月完成积分标准更新、录入；③每少抽查一份扣20元产值	—	人资部	绩效岗	绩效岗

Chapter 5 薪酬全绩效之 PPV 设计技巧

（续表）

序号	类别	工作事项	工作标准/说明	产值标准	单位	考核与计算方式	备注说明	归口管理部门	归口责任人	统计人
29	人力资源类	完成门店KPI计算	每月14日前完成门店的KPI结果	800	元/月	以提供给薪酬岗的KPI表为依据，数据无误的按100%计发产值，数据有误的按20元产值/个扣本项产值（因其他岗位数据提供错误导致的错误不计入），扣完为止。提前1天确无误完成的，每提前1天奖100元产值，本项奖励300元产值封顶	—	人资部	绩效岗	绩效岗
30		门店执行力考核	每月5日前汇总各部门的门店执行力结果；每季度月末28日前完成执行力表修订，当月最后一天下发	500~700	元/月	①按时完成按500元产值发本项产值。②结果不完整的（例如没评分的没有说明理由），每延迟1天，扣20元产值；未提交的，当月扣50元产值，并倒扣200元产值不计产值。③当月有修订执行力表的，增加200元产值	—	人资部	绩效岗	绩效岗

绩效核能（行动版）

(续表)

序号	类别	工作事项	工作标准/说明	产值标准	单位	考核与计算方式	备注说明	归口管理部门	归口责任人	统计人
31	人力资源类	满意度调研	①每月3日收集总部满意度汇总结果，8日下发总部满意度的第一个月10日完成董事会满意度结果的汇总并发给相应的岗位	800	元/月	每延迟1天扣30元产值，遇法定节假日顺延，以协商时间为准；未进行调研，不计产值	—	人资部	绩效岗	绩效岗
32		门店任务的汇总与下发	每季度第一个月5日收集门店所选的方案，在8日汇总门店的目标并下发	500	元/次	按时准确提交数据的按100%计发本项产值。结果有错误的，每处扣50元产值，但是属于营运中心提供数据有错误的不计入本岗位有错误的	—	人资部	绩效岗	绩效岗
33		储备干部训练营学员选拔	按计划要求进行储备干部训练营学员的选拔，每批人数在15~20人	500	元/次	时间、人数达标，按100%计发产值。如未按时完成，扣200元产值	—	人资部	绩效岗	绩效岗
34		店经理竞聘、选拔	按要求进行竞聘选拔、发布通知、准备试题、组织评委、结果发布等	300	元/次	—	—	人资部	人资部经理	人资部经理

Chapter 5 | 薪酬全绩效之 PPV 设计技巧

（续表）

序号	类别	工作事项	工作标准/说明	产值标准	单位	考核与计算方式	备注说明	归口管理部门	归口责任人	统计人
35	人力资源类	新员工入职一个月内跟踪	每月 30 日之前完成上月所有新入职员工的回访，了解新员工入职后的适应情况	20	元/人	每少 1 人扣 20 元产值；每延迟 1 天扣 30 元产值	—	人资部	绩效岗	绩效岗
36		2 年以上老员工离职回访	每月 30 日之前完成上月所有离职员工的离职调研，了解离职原因，无法联系上的人数除外	30	元/人	每延迟 1 天，扣 30 元产值	—	人资部	绩效岗	绩效岗
37		组织办理到期健康证重新办理	每月 28 日之前组织当月健康证过期人员重新办理	20	元/人	参加体检人数×20 元产值	—	人资部	绩效岗	绩效岗
38		门店公积金账务管理	①每月 30 日前完成报销；②年度公积金账务管理及汇总处理（如冲抵记账、支取手续办理等）	300	元/月	每延迟 1 天扣 30 元产值	—	人资部	绩效岗	绩效岗

绩效核能(行动版)

(续表)

序号	类别	工作事项	工作标准/说明	产值标准	单位	考核与计算方式	备注说明	归口管理部门	归口责任人	统计人
39	人力资源类	提供绩效数据支持其他同事	①每月5日提供门店绩效奖金计提表;②每月3日前提供店经理业绩排名;③每月10日提供人资部所能提供给各个部门做KPI所需的数据;④其他数据	500	元/月	由需求部门签名确认的纸质版为依据,每延迟1天扣20元产值	—	人资部	绩效岗	绩效岗
40		员工认同度敬业度调查	每年7月底前完成员工认同度/敬业度调研及调研分析报告	5000	元/次	主要参与人员共同分配	—	人资部	绩效岗	绩效岗
41		绩效目标责任制	含合同签订、解除、终止与分配核算等	500	元/次	每年年初签订一次,年中、年末计发分配各一次,共三次	—	人资部	绩效岗	绩效岗
42		分店绩效数据表共享	每月14日前共享分店业绩汇总表和奖金汇总表	400	元/月	每月根据分店绩效表汇总分店的业绩情况和奖金情况	—	人资部	绩效岗	绩效岗

Chapter 5 | 薪酬全绩效之PPV设计技巧

（续表）

序号	类别	工作事项	工作标准/说明	产值标准	单位	考核与计算方式	备注说明	归口管理部门	归口责任人	统计人
43	人力资源类	分店考核季度排名	①1月、4月、7月、10月14日对上季度KPI考核数据进行汇总、提交营业部经理、人资部经理；②对考核结果的应用记录保存，并知会薪酬专员	500	元/季	①按时完成按100%计发产值，延迟1天扣50元产值；②未及时通知导致薪酬计发错误，扣100元产值	—	人资部	绩效岗	绩效岗
44	人力资源类	及时、准确核算健康门店工资表（包括辞退人员、挂账工资返还、盘点返还）	每月工资在18日9:00之前计算完毕并将电子版提交人资部经理审核（月度工资发放）	7	元/人	①提前1天奖300元产值，推迟1天扣500元产值。②错误控制在3个内产值，5个以上奖金奖300元产值，每多错一个扣20元产值；总经理及以上人员审核发现不论个数直接扣100元产值/个。③造成无法挽回的损失需承担相应赔偿。④辞退人员、挂账工资返还、盘点返还出现错漏每个扣30元产值	—	人资部	薪酬岗	薪酬岗

绩效核能（行动版）

(续表)

序号	类别	工作事项	工作标准/说明	产值标准	单位	考核与计算方式	备注说明	归口管理部门	归口责任人	统计人
45	人力资源类	考勤管理	①每月13日前完成总部考勤表；②每月28日前完成所有分店考勤卡的收集，并至少检查核对10人考勤记录；③其他考勤相关的工作	1500	元/月	①按时完成按100%计发产值，延迟1天扣50元产值；②未及时通知导致薪酬计发错误，扣100元产值。	—	人资部	薪酬岗	薪酬岗
46		检查分店排班及考勤	区域经理每月至少检视30%的门店的排班与考勤情况；人资部薪酬岗至少检视10家门店	50	元/店	不达标每少一家扣50元产值	—	人资部；营运中心	薪酬岗	薪酬岗
47		为其他部门或上级提供工资相关数据（工资计提和个税整理等）	以需求者规定时间为准	500	元/月	①每延迟1天扣20元产值。②工资计提及个税资料每延迟1天扣30元产值，遇法定节假日，以协商时间为准	—	人资部	薪酬岗	薪酬岗
48		工资条的打印与发放	总部：26日下班前完成发放 分店：25日下班前完成装订	1000	月	每推迟1天扣20元产值	—	人资部	薪酬岗	薪酬岗

Chapter 5 | 薪酬全绩效之PPV设计技巧

（续表）

序号	类别	工作事项	工作标准/说明	产值标准	单位	考核与计算方式	备注说明	归口管理部门	归口责任人	统计人
49	人力资源类	薪酬调研	以部门负责人安排为准	200~1000	元/次	以部门负责人安排为准，每半年一次	—	人资部	薪酬岗	薪酬岗
50		人事异动表的整理及完成审批	每月30日之前完成签批或OA审批	20~30	人	总部30元产值/人，分店30元产值/人，另批改转正考试20元/份（含组织转正考试），延迟、错漏扣50元产值/天（人）	—	人资部	薪酬岗	薪酬岗
51		员工离职调研及统计	对办离职手续的离职人员进行离职调研，并于次月5日前完成上月离职调研分析表	20	元/人	以《离职调研表》份数为准，如未提交《离职调研分析表》，扣50%产值；调研率在60%以下，每人扣20元产值	—	人资部	薪酬岗	薪酬岗
52		分店定级调整	1月、4月、7月、10月10日前完成季度店级调整，并呈总经理批准	600	元/次	按时完成无错错视按100%计发产值，每错漏1处扣20元产值	—	人资部	薪酬岗	薪酬岗
53		分店排班编制检视	每年4月、10月进行分店标准排班检视，重新确定分店编制	50	元/店	①总统筹2000元产值，排班检视50元产值/店；②每少一家扣100元产值	—	人资部	薪酬岗	薪酬岗

绩效核能（行动版）

(续表)

序号	类别	工作事项	工作标准/说明	产值标准	单位	考核与计算方式	备注说明	归口管理部门	归口责任人	统计人
54	人力资源类	新店开业后3个月内人员编制的确定	新店开业第4个月10日前完成该店弹性排班表	300	元/店	按时完成100%计发产值，延时1天扣30元产值	—	人资部	薪酬岗	薪酬岗
55		残疾人用工年检	每年的7月30日之前完成该年度残疾人用工的年检	300~1000	元/次	门店：1000元产值/次 其他公司：300元产值/次	—	人资部	薪酬岗	薪酬岗
56		孝道基金管理	①每月统计孝道基金名单，并在10日前公布。②每年年终统计所有员工应发孝道基金明细，并协助财务核对，收集发放账号（具体时间年终定），纳发放过程	月度：200 年度：5	月度：元/次 年度：元/人	按时按量完成按100%计发，错漏情况，扣100元/值人	—	人资部	薪酬岗	薪酬岗
57		年终奖的计算	按时完成年终奖的计算（具体时间年终定）、呈批、账号整理	7	元/人	按时按量完成按100%计发，错漏情况，扣100元产值/人	—	人资部	薪酬岗	薪酬岗

Chapter 5 薪酬全绩效之 PPV 设计技巧

(续表)

序号	类别	工作事项	工作标准/说明	产值标准	单位	考核与计算方式	备注说明	归口管理部门	归口责任人	统计人
58	人力资源类	分店公积金的管理及每月抵用	每月14日之前完成公积金盘点或效期报损的抵用并出具明细给财务，另每半年发放一次公积金	300	元/月	每推迟1天扣20元产值	—	人资部	薪酬岗	薪酬岗
59		半年度员工薪酬分析	①2月、8月10日前提交上半年度员工的薪酬水平分析；②分别提取1~6月、7~12月的薪酬数据	800	元/次	每推迟1天扣50元产值	—	人资部	薪酬岗	薪酬岗
60		员工劳动纠纷处理	—	1000~2000	元/单	内部处理达成一致，按1000元产值/单计；部门调解或仲裁，按2000元产值/单计	—	人资部	人资部经理	人资部经理
61		人资部经理	①提前一周通知参加训练营的名单和日期；②负责培训物资准备；③课程安排及讲师沟通安排；④培训中学员评估；⑤培训效果评估；⑥培训后跟进	2500	元/月	当月有在训人员按时完成122100%产值，当次培训每少1人扣100元产值（员工离职不计入）。当月无培训则不计产值	—	人资部	培训岗	培训岗

绩效核能(行动版)

(续表)

序号	类别	工作事项	工作标准/说明	产值标准	单位	考核与计算方式	备注说明	归口管理部门	归口责任人	统计人
62	人力资源类	店经理学员训练营开展	①提前一周通知参加训练营的名单和日期；②负责培训物资准备；③课程安排及学员食宿安排等；④培训师确定培训时间与培训中学员培训状态了解干预；⑤培训效果评估；⑥培训后跟进	3000	元/月	当月有在训人员且按时完成计100%产值，当次培训每少1人扣100元产值（员工离职不计人）。当月无则不计产值	—	人资部	培训岗	培训岗
63		新员工开班、跟踪	①提前一周通知参加训练营的名单和日期；②负责培训物资准备；③课程安排及学员住宿安排等；④培训师确定培训时间与培训中学员培训状态了解干预；⑤新员工快乐大会举办；⑥培训效果评估	3000	元/班	开班人数达到85%则计100%产值，不够85%时，每1人扣50元产值	—	人资部	培训岗	培训岗

— 108 —

Chapter 5 | 薪酬全绩效之 PPV 设计技巧

(续表)

序号	类别	工作事项	工作标准/说明	产值标准	单位	考核与计算方式	备注说明	归口管理部门	归口责任人	统计人
64	人力资源类	每月培训计划制定、发布	①每月次月培训计划，②包括总部培训计划、分店日培训计划、区域培训计划	1000	元/月	每延迟1天扣30元产值	—	人资部	培训岗	培训岗
65		外训及考试组织	根据培训需求，选派员工外出参加培训，并进行安排	300	元/场	按时完成100%计发产值	—	人资部	培训岗	培训岗
66		公司内培训组织开展（不含储干与新员工培训）	根据供应商培训需求，上月末发布下月培训计划，培训开展前一周发布培训通知，有效组织并对培训进行评估，培训档案整理；协助其他培训组织或部门完成培训组织，场地及器材的准备等	100-500	元/场	主导统筹组织（含主持）500元产值/场；协助他人：100元产值/场	—	人资部	培训岗	培训岗
67		月度培训数据统计	每月8日前完成上月讲师课酬统计、培训月报表统计、部门内训数据报表等，确保数据准确性、及时性	500	元/月	数据准确率达100%按110%计发本项产值；每迟1天（不满1天按1天算）或错误1处扣30元产值	—	人资部	培训岗	培训岗

— 109 —

绩效核能（行动版）

(续表)

序号	类别	工作事项	工作标准/说明	产值标准	单位	考核与计算方式	备注说明	归口管理部门	归口责任人	统计人
68	人力资源类	培训需求调研	①调研表设计、更新；②调研组织、统计、分析；③每年5月、11月25日前提交报告	2000	元/次	每延迟1天扣50元产值	—	人资部	培训岗	培训岗
69		上岗证考试报名	营业员上岗证、GSP证、继续教育、学历组织各报名完成各类考试报名及费用申请、签订协议、领证	50	元/人	完成的当月计产值。如出现错漏1生则不计产值，未发处扣50元产值。所有参与人员共同分配本项产值	—	人资部	培训岗	培训岗
70		执业药师、技师证报考与验证	①收集报考信息并及时发布通知、收集报考人员信息，并进行盖章前的审核；②收集通过考试的技师资料（身份证、报考登记表、学历验证提交验证、领证）	20~40	元/人	①及时办理按20元产值/人计发产值。政府公布信息1天内发布通知，延迟1天扣100元产值；未对公司内报考人员信息进行汇总，扣200元产值。②及时办理按40元产值/人计发产值	—	人资部	培训岗	培训岗

（续表）

序号	类别	工作事项	工作标准/说明	产值标准	单位	考核与计算方式	备注说明	归口管理部门	归口责任人	统计人
71	人力资源类	培训室（含电脑、桌椅等）、器材日常管理、维护	对培训室进行日常管理与维护，以及使用的协调	500	元/月		—	人资部	培训岗	培训岗
72		培训协议签订及培训费用管理	①培训结束1周内完成协议签订；②培训费用记录完整无误；③员工离职培训费用核查	500	元/月	每漏签一份，扣50元产值	—	人资部	培训岗	培训岗
73		培训课件修改	培训课件修改需符合至少一项以下前提：①根据培训体系需要改动；②课件知识、观点需更新或补充；③课件思路需要调整；④经培训专员每半年检视，不符合要求的	300~1000	元/份	课件修改在30%以下，300元产值/份；课件修改达30%，500元产值/份；课件修改达50%，700元产值/份；课件修改达80%，1000元产值/份	—	人资部	培训岗	培训岗

绩效核能（行动版）

(续表)

序号	类别	工作事项	工作标准/说明	产值标准	单位	考核与计算方式	备注说明	归口管理部门	归口责任人	统计人
74	人力资源类	行业竞赛报名	指参加行业的一些竞赛，如金牌店经理、陈列大赛、员工风采大赛等	300	元/次	—	—	人资部	培训岗	培训岗
75		星级考试工作统筹	负责各小组组长的工作开展，协调各小组工作的进度，跟进各小组的工作进度，并完成当次星级考试实施的总结报告	3000	元/次	由部门经理对统筹人的工作开展进行评分，100分计发100%产值；90分，计发90%产值，依此类推	—	人资部	培训岗	培训岗
76		星级考试出题组长	出题组长完成当次星级考试所有试题、答案、答题卡的定稿	3000	元/次	必须在考前一周完成。每延迟1天，扣出题小组组长500元产值	—	人资部	培训岗	培训岗
77		星级考试考试组长	每季度30日前完成当次星级考试的组织，并在考试结束15天内公布考试成绩	4000	元/次	组长给予2000元统筹产值，另给予组长1000元对试卷、答题纸等准备工作的配合产值用于其他人员对试卷、答题纸等准备工作的配合。每延迟一天扣200元产值	—	人资部	培训岗	培训岗

Chapter 5 | 薪酬全绩效之PPV设计技巧

(续表)

序号	类别	工作事项	工作标准/说明	产值标准	单位	考核与计算方式	备注说明	归口管理部门	归口责任人	统计人
78	人力资源类	星级考试出题	根据星级考试的大纲、规定的题型出题（含答案），经审核合格并纳入题库	20~150	元/题	单选题/配伍题/多选题：40元产值/题；判断题：20元产值/题；问答题：150元产值/题	—	人资部	培训岗	培训岗
79		星级考试监考	根据考试组长的安排完成监考工作	400~600	元/天	外区域：600；总部：400；如员工投诉监考官不公正，扣200元产值/次	—	人资部	培训岗	培训岗
80		星级考试阅卷		20	元/份	如发现阅卷错误，扣20元产值/处	—	人资部	培训岗	培训岗
81		分店培训指导、巡店	对分店进行培训信息以及需求收集，分店培训技巧指导，与当班员工的沟通人数不得低于80%。每月按部门经理的要求进行工作开展，每月不超过5家	200	元/店	每月31日前完成当月信息收集总结，并提出培训的改善建议，按时提交100%计发，延迟1天扣30元产值	—	人资部	培训岗	培训岗
82	行政类	公司发文	八字、办字、董字号起草，每篇50元产值	50	元/篇	延误或错漏扣20元产值/处	—	人资部；行政部；总裁办	左列部门负责人	左列部门负责人

绩效核能（行动版）

序号	类别	工作事项	工作标准/说明	产值标准	单位	考核与计算方式	备注说明	归口管理部门	归口责任人	统计人
83		医保资格成功申请与认证	开通医保机后计发	20000~30000	元/店	依据政策压力、市场竞争情况、同批申请店数等产值有所不同，如因工作失误造成有门店未通过认证或是经济损失，另行处罚	—	医保领导小组	组长	常务副组长
84	行政类	组织员工活动	按公司计划与需求，含大型节日庆祝活动、工会活动、生日会活动等	按活动规模和难度	—	①活动策划：1000元/次（100人以下）；2000元产值/次（100人以上）②活动组织实施：每50人计产值1000-1500元产值/次（以25人为界，超出人，不足舍）；③生日会产值说明：a.组织策划员工生日活动，产值策划员工计组织实施产值，每次发放礼品只计组织产值，西区域、西区生日活动：每次200元产值（当与珠海区域同步进行时不再额外计产值）	生日活动在15日前必须完成，延迟1天扣50元产值，延迟5天则换组织人	行政部	行政主管	行政主管

— 114 —

Chapter 5　薪酬全绩效之 PPV 设计技巧

(续表)

序号	类别	工作事项	工作标准/说明	产值标准	单位	考核与计算方式	备注说明	归口管理部门	归口责任人	统计人
85	行政类	参加公司组织的演出	—	400~1000	元/次	个人：400元产值/次 团体：1000元产值/次	—	行政部	行政主管	行政主管
86		搬运（含分发）物资（大批或大体积过大的物资）（不含店、商品配送）	单件：办公桌、文件柜、空调、电视、冰箱、沙发（不含音响藤）、培训室大桌 批量：①大型活动物资（元旦晚会、中秋晚会、年终表彰大会、大型司庆活动、大型运动会）、批量营销活动物资配送（太阳伞、遮雨蓬、促销车、拱门、简易桌凳、刀旗等）(单个按上述单件计) ②其他活动物资除上述活动外的物资，10箱以上（5~10箱按上述单件物资计）	50 200~500	元/次 元/次	按统筹要求 ①类500元产值/次，②类200元产值/次，参与人员共同分配	按统筹要求	统筹部门 统筹部门	活动统筹人 活动统筹人	活动统筹人 活动统筹人

绩效核能（行动版）

(续表)

序号	类别	工作事项	工作标准/说明	产值标准	单位	考核与计算方式	备注说明	归口管理部门	归口责任人	统计人
87	行政类	办公区域5S检查	每月对办公区域卫生、人员着装进行检查评分一次（含五楼仓库及发心公司）	100	元/次	参与人员共同分配	—	行政部	防损主管	防损主管
88		OA首页纠错信息	对OA首页中的任何信息进行纠错与激励，向前台反馈，以第一个反馈者为准	5	元/处	给纠错人5元产值/处奖励，给起草人5元产值/处扣罚	—	行政部	前台	前台
89		资产盘点（非商品）	按行政部计划，含宿舍资产盘点（不含店经理离任交接）	150	元/店	年度/半年度大盘点，盘点人按人计2000元产值，统筹150元/店，总部按10店计不报车费（含子公司）	珠海市区不报车费	行政部	后勤主管	后勤主管
90		提供后勤采购供应商信息被采纳	—	500~1000	元/个	与公司成功合作	—	行政部	后勤主管	后勤主管

Chapter 5 薪酬全绩效之 PPV 设计技巧

（续表）

序号	类别	工作事项	工作标准/说明	产值标准	单位	考核与计算方式	备注说明	归口管理部门	归口责任人	统计人
91	行政类	1类证照办理（含新办、变更、到期换证、注销）	行政部负责：经营许可证、保健食品卫生许可证、医疗器械经营许可证、食品流通许可证、营业执照、组织机构代码证、章程备案、股东会决议备案（集团）、公章刻制、房产证（自有产权物业）、租赁证（自有产权物业）、消防证（自有产权物业）；财务部负责：国地税务登记证（国地税算一个证件）、发票章刻制；质管部负责：GSP证	500	元/个证	延误或错漏，每次扣500元产值，并承担由此带来的风险和损失。完成不计产值，未发生不计产值	—	行政部；财务部；质管部	行政主管；税务会计；质量主管	行政主管；税务会计；质量主管
92		2类证照办理（含新办、变更、到期换证、注销）	名称核准、工商所场地调查、技师备案、执业技师注册、股东会决议（非集团）	100	元/个证	延误或错漏，每次扣500元产值，并承担由此带来的风险和损失。完成不计产值，未发生不计产值	—	行政部	行政主管	行政主管

绩效核能（行动版）

(续表)

序号	类别	工作事项	工作标准/说明	产值标准	单位	考核与计算方式	备注说明	归口管理部门	归口责任人	统计人
93	行政类	新证件首次办理	公司无历史办证记录的证照办理，首次办理按本项计，后续办理转入相应证照日常办理	1000	元/个证	延误或错漏，每次扣500元产值，并承担由此带来的风险和损失。未完成的当月不计产值	—	行政部	行政主管	行政主管
94		各类证照年检	①3—6月完成所有营业执照年检；②根据代码证上的日期，在规定日期前完成年检（在过期前完成）	100	元/个证	延误或错漏，每次扣500元产值，并承担由此带来的风险和损失。未完成的当月不计产值	—	行政部	行政主管	行政主管
95		活动审批	如开业活动、营销活动需到城管或审批办进行备案或审批	500	元/次	各项需要通过行政部门审批的资料及活动未能按工作要求进一步开展的，每次扣300元产值	—	行政部	行政主管	行政主管
96		证件、资料管理完整性、适时性	确保相关资料管理完整及适时，电子档案及时维护和完善，并及时维护OA证照资料	1000	元/月	确保所办理的证件完整，资料保管完整，丢失一个证件，扣500元所有费用；电子档案未及时更新或存在错漏，每个扣50元产值	—	行政部	行政主管	行政主管

Chapter 5 | 薪酬全绩效之 PPV 设计技巧

（续表）

序号	类别	工作事项	工作标准/说明	产值标准	单位	考核与计算方式	备注说明	归口管理部门	归口责任人	统计人
97	行政类	门店计量器具统计、年检	确保所有需年检的店准时年检（每半年完成一次）	25	元/把	未能按要求完成，影响下步工作开展，漏1把扣100元产值，完成的当月计产值，未发生则不计产值	—	行政部	行政主管	行政主管
98	行政类	医保工作	①医保工作开展（内部医保会议组织开展、外部医保政策的参加、医保政策的通知下发、门店医保咨询）；②每月店经理例会进行医保政策或操作标准的宣导培训	1000	元/月	部门经理针对日常医保工作评估按0~120%计发；医保宣导每少1次扣500元产值	—	行政部	行政主管	行政主管
99	行政类	医保店联网结算单算单据的抽查	按照医保联网相关要求，对分店进行抽查。要求半年内所有医保店均有抽查	30	元/单	每月至少抽查30张单据，每少1单扣10元产值；每查出一个错误奖20元产值；本项封顶1000元产值	—	行政部	行政主管	行政主管

绩效核能（行动版）

(续表)

序号	类别	工作事项	工作标准/说明	产值标准	单位	考核与计算方式	备注说明	归口管理部门	归口责任人	统计人
100		为其他部门提供办事所需证件	及时提供帮助和信息知会	500	元/月	新办营业执照或营业执照发生变更必须办在办理税务登记证时限内的10个工作日前知会财务部办理税务登记（特殊情况除外），准时完成按100%计发产值，每延迟1天扣30元产值	—	行政部	行政主管	行政主管
101	行政类	下属工作检视与审核	每月完成通信费、饮水费、办证费、报刊费、复印费、节假日等费用/报表的审核	300	元/月	费用报表审核后出现错漏，每个月扣20元产值	—	行政部	行政主管	行政主管
102		每月生日会的安排与执行	列出每月生日会各部门的执行情况	400	元/月	按照清单，每部门每月在15日前完成生日会组织开展，逾期每天扣50元产值	—	行政部	行政主管	行政主管
103		员工福利活动策划与执行	指妇女节、端午节、中秋节员工福利活动的准时执行	2000~8000	元/次	按时开展完成计发：妇女节：2000元/值次；端午节、中秋节：5000元/值次（不邮寄）；中秋节（邮寄）：8000元/值/次	—	行政部	行政主管	行政主管

(续表)

序号	类别	工作事项	工作标准/说明	产值标准	单位	考核与计算方式	备注说明	归口管理部门	归口责任人	统计人
104	行政类	物资采购	①日常零星采购：办公用品、维修材料、后勤物资（含接待与供品）、名片、各类物料等；②小型活动（大中型活动之外的活动，含新店开业活动、阻击活动、单店周年庆等活动的批量采购，遗漏物资补充采购按上条计）、会员兑奖奖品及物料批量采购，新店开业、小仓库月度备货、节假日员工福利或物资（不含中秋月饼）、其他子公司大型活动物资（2000元以上，不足则按上条计）；③门店大中型活动物资采购（元旦、妇女节（含3·15）、劳动节、国庆节、参军节）、中秋节月饼采购	①60 ②500 ③100	元/次	采购商品询比价至少3家项申购3天到货，采购审批后，单批量申购7天内到货，加工定做类物资除外（按实际制作工期定）。每延时一天扣100元产值	—	行政部	后勤主管	后勤主管

绩效核能（行动版）

(续表)

序号	类别	工作事项	工作标准/说明	产值标准	单位	考核与计算方式	备注说明	归口管理部门	归口责任人	统计人
105	行政类	新物资采购（首次）	公司无历史采购记录的物资，采购金额在1000元以上的，需至少询比价3家，并建立档案资料；首次采购按成本项计，后续采购转入日常采购核算	1000	元/次	—	—	行政部	后勤主管	后勤主管
106		重大资产采购/出售招标	资产采购/出售金额在5万元以上，必须组织招标会	2000	元/次	—	—	行政部	后勤主管	后勤主管
107		采购合同管理	①服务周期在3个月以上的，金额在5000元以上的采购均需签订合同；②所有采购合同的签订、建档（电子）与归档	500	元/月	①应签订而未签订采购合同的，每次扣100元产值；②未建立档案或不完整的，每次扣50元产值（部门经理抽查）；③另：每建立1个合同模板，另奖500元产值	—	行政部	后勤主管	后勤主管

(续表)

序号	类别	工作事项	工作标准/说明	产值标准	单位	考核与计算方式	备注说明	归口管理部门	归口责任人	统计人
108	行政类	固定资产管理	总部离职人员资产的确认和及时更新，新申购资产的建立及更新（一周内完成）。资产调拨、退还、转交、报损处理流程结束后在一周内完成	2000	元/月	准确及时完成按100%计发产值；延迟1天扣100元产值，发现一次错漏扣50元产值。按时完成加100产值，未按时按100元产值/天扣	固定资产梳理完毕后按工作标准考核，没梳理前跟行政经理共同负责处理资产工作	行政部	后勤主管	后勤主管
109		宿舍管理	①宿舍的租赁、合同签订、费用统计与报表，以及卫生、环境、资产的管理；②每月10日前提交宿舍扣款表；③每月抽查至少3家宿舍；④每半年完成所有宿舍抽查，并组织宿舍评比。	1500	元/月	延迟提交宿舍扣款表扣100元产值/天；未完成宿舍家，扣100元产值；未组织宿舍评比每次扣500元产值	—	行政部	后勤主管	后勤主管

— 123 —

绩效核能（行动版）

（续表）

序号	类别	工作事项	工作标准/说明	产值标准	单位	考核与计算方式	备注说明	归口管理部门	归口责任人	统计人
110	行政类	后勤费用结算单据的审核与准确时性	对申购单、订货单、送货单等后勤结算单据的审批的准确性和及时性	1000	元/月	结算数据无差错按100%计发，错误数超过3个，根据严重程度扣30~100元/产值/次	—	行政部	后勤主管	后勤主管
111		采购的物品后续量出现质量问题，积极主动跟进协助解决	售后维护必须保证质量，保修期内的维护抓紧修期时间，保修期以外的维护还要评估价值，无价值或价值低的维修不能发生	100	元/次	—	—	行政部	后勤主管	后勤主管
112		关店相关工作	关店：回收物资、整理、变卖、调配搬运、跟踪等	1000	元/店	—	—	行政部	后勤主管	后勤主管
113		供应商管理与档案的建立与维护	要求建立供应商档案，每个类别供应商不得少于3家	100	元/家	档案标准模板必须经部门经理确认；本项每月封顶600元/产值	—	行政部	后勤主管	后勤主管

Chapter 5 | 薪酬全绩效之 PPV 设计技巧

（续表）

序号	类别	工作事项	工作标准/说明	产值标准	单位	考核与计算方式	备注说明	归口管理部门	归口责任人	统计人
114	行政类	前台日常工作	①前台管理，复印、打印、传真管理，办公用品领用，更换手间文化，更换音乐，派发快递，更新OA网站图片；②每月10日前完成复印、打印、传真新音乐报表，每月5日、15日更新洗手间文化，每月8日前更新OA网站图片；③会议室预约与钥匙管理	2000	元/月	每少1次或延迟1天扣20元产值	—	行政部	前台	前台
115		客户接待与门禁电话转接	①热情、礼貌、大方接待与处理客户到访事宜，突发事件处理须上报，维护公司形象；客户喧哗等情况须经理上人员不得出现前台，必须征得外客到访，必须经理同意方可放行。③不得向外客透露总经理级以上人员的联系方式	1000	元/月	失误或延误每次扣200元产值，造成重大影响加倍扣罚	—	行政部	前台	前台

绩效核能（行动版）

(续表)

序号	类别	工作事项	工作标准/说明	产值标准	单位	考核与计算方式	备注说明	归口管理部门	归口责任人	统计人
116	行政类	各类报表及时准确	通讯费用表每月18日交给财务部；短号补助表：全球通代付明细表；饮用水表格，8日前完成上月饮水汇总统计	1000	元/月	完整、无错漏奖励100元产值，3个以下（含）错误按100%计发，3个以上每个扣20元产值	—	行政部	前台	前台
117		OA发文	①OA制度通知栏目发文、纸质文档存档，人字号、办公号文件必须打印放大张贴至公告栏；②统计OA纠错个数，每月5日前提交人资部绩效岗	500	元/月	失误或延误每次扣50元产值，造成重大影响加倍扣罚	—	行政部	前台	前台
118		图书资料管理	图书目录建立、借阅登记、新书入库、过期期刊定期清理、变卖等	500	元/月	记录不全或丢失图书（无法追责），每次扣100元产值，并照价赔偿	—	行政部	前台	前台

(续表)

序号	类别	工作事项	工作标准/说明	产值标准	单位	考核与计算方式	备注说明	归口管理部门	归口责任人	统计人
119	行政类	订餐管理与协调	订餐及时、准确，无差错，异常时协调跟进拿饭时间与人员（即原负责人员不在岗时）	500	元/月	错漏每次扣30元产值；每月允许迟2次，超过2次每次扣30元产值	—	行政部	前台	前台
120		星光大道、文化墙、公告栏	①星光大道：对上个月的营业额、毛利额进行排名，打印和张贴（每月店经理会前完成）；②文化墙：公司活动（每月10日前更新一次）	500	元/月	按时完成按100%计发产值，每延迟1天扣50元产值，未完成每项扣250元产值（当月无活动不扣）	—	行政部	前台	前台
121		公司通讯录	每月1日、16日准时发布最新通讯录，无差错	500	元/月	准确及时完成按100%计发产值，延迟1天扣50元产值，少1个扣250元产值，发现1处错漏扣10元产值	—	行政部	前台	前台
122		全球通、集团网短号申请表及与通讯供应商联系、维护	每月15日前交给移动经理，无错漏，与通讯供应商保持日常联系	300	元/月	内容完整按100%计发，错漏每个扣20元产值；每延迟1天，扣50元产值	—	行政部	前台	前台

绩效核能（行动版）

（续表）

序号	类别	工作事项	工作标准/说明	产值标准	单位	考核与计算方式	备注说明	归口管理部门	归口责任人	统计人
123	行政类	绿化、卫生管理	按合同要求开展工作，进行供应商联系与管理；每周五必须检视一次会议室花草	300	元/月	延误每次扣50元产值	—	行政部	前台	前台
124		消杀管理	按合同要求开展工作，进行供应商联系与管理	500	元/月	由部门主管评估、部门经理复核，根据工作量及配合程序以计发80%~120%产值	—	行政部	前台	前台
125		行政部部内勤工作配合	配合部门成员相关工作	500	元/月		—	行政部	前台	前台
126		公司网站业界新闻部分内容的更新	每月8日前页面新增内容的更新，每月更新不少于3篇	30	元/篇	每少1篇扣50元产值，本项封顶300元产值	—	行政部	前台	前台
127		节日祝福	指在公司OA首页布告信息栏中发布节日祝福信息，以下节假日必须发布：元旦、春节、妇女节、劳动节、母亲节、父亲节、端午、中秋、国庆九个节日，其他节日可视情发布。	50	元/次	节假日前按时发布，无延误、错漏或投诉按次计算，延误或漏或错投诉则为扣50元产值/次	—	行政部	前台	前台

(续表)

序号	类别	工作事项	工作标准/说明	产值标准	单位	考核与计算方式	备注说明	归口管理部门	归口责任人	统计人
128	行政类	新店装修（含全店改造）	新店面积60~80平方装修时间为10~15天，90~120平方装修时间为15~20天，120平方以上装修时间为20天以上，按时按标准完成工程	4000	元/店	按时按标准完成按100%计发本项产值，每延误1天，扣500元产值，出现装修不符合要求或验收不过关，每次扣1000元产值	—	行政部	工程主管	工程主管
129		门店日常OA申报及工程维修工作安排	简单维修工程1~3天完成，复杂维修大型工程3~5天完成，维修工程根据实际情况制定完成时间	2000	元/月	按时完成按100%计发本项产值，出现延误100元产值，每次扣100元产值或有效投诉到部门经理处为准）	—	行政部	工程主管	工程主管
130		工程维修管理日常工作与支持	①每月底召集工程小组月例会，每周一早上做简单工程沟通会议，日常工作安排及工程维修沟通管理工作；②每月工程维修记录电子档录入及产值经理部门审核，并提交部门经理审核	1000	元/月	①每少开1次会扣200元产值；②延时或错漏，每天/次扣50元产值	—	行政部	工程主管	工程主管

绩效核能（行动版）

(续表)

序号	类别	工作事项	工作标准/说明	产值标准	单位	考核与计算方式	备注说明	归口管理部门	归口责任人	统计人
131	行政类	改造工程	费用在1000元以上的改造工程（如培训室重新装修、店面面积重新分割与出租整改等）	1000~2000	元/次	①费用在1000~2000元的：1000元以上的；费用在2000元以上的：2000元产值/次；②按时按标准完成按100%计发，出现本项要求或延误1天，或出现装修不符合要求或验收不过关，每次扣200元产值	—	行政部	工程主管	工程主管
132		工程维修费用管理	工程维修费用结算单据审核的及时性、准确性，不得超出预算	1500	元/月	结算数据无差错按100%计发，错漏每个扣100元产值，超出预算每次扣200元产值	—	行政部	工程主管	工程主管
133		工程档案建立与完善	①装修材料清单（含品牌、规格说明、价格、供应商等）；②门店装修与水电每月完成一家门店	500	元/店	①按时完成当月计5000元产值；②每家店计500元产值	—	行政部	工程主管	工程主管
134		质量、工期控制	对金额在1万元以上的装修工程进行有效的质量跟工期控制，达到一定的标准，节省成本，尽快使门店投入营业	工程款的5%	元/次	每次工程工期完成按标准并超期达到质量好无质量问题发生，且工程费用控制在预算内的，按当次工程装修货款的5%奖励产值	—	行政部	工程主管	工程主管

Chapter 5 | 薪酬全绩效之 PPV 设计技巧

(续表)

序号	类别	工作事项	工作标准/说明	产值标准	单位	考核与计算方式	备注说明	归口管理部门	归口责任人	统计人
135	行政类	关店相关工作配合	门店固定设备（空调、风扇、货架等）的联系拆除、跟踪等	500	元/店	—	—	行政部	工程主管	工程主管
136		安全产值	①确保公司资产安全，不发生重大安全事故；②手机24小时开机，随时处理安全突发事件	5000	元/月	发生事故损失额在5000元产值以上，发生事故联系不上，则当月安全产值不上，扣当月产值2500元产值	—	行政部	防损主管	防损主管
137		车辆的管理与维护	确保用车安全，不发生事故；车辆安排与使用正常，无投诉发生；车辆各种证照、保险的年审与相关费用的及时提交；车辆的维护保养检查登记控制	2000	元/月	投诉、延误或错漏，每次扣200元产值，并承担由此带来的风险和损失	—	行政部	防损主管	防损主管
138		消防管理	每季度完成一次公司消防检查（分店）；每半年组织一次消防培训或演习；每年按要求更换灭火器碳粉	1000	元/月	延误或错漏，每次扣200元产值，并承担由此带来的风险和损失	—	行政部	防损主管	防损主管

绩效核能（行动版）

(续表)

序号	类别	工作事项	工作标准/说明	产值标准	单位	考核与计算方式	备注说明	归口管理部门	归口责任人	统计人
139	行政类	工程验收工作	新店装修与工程改造维修的验收在工程完成的两个星期内完成，并提交验收报告	1000	元/店	延误或错漏，每次扣200元产值	—	行政部	防损主管	防损主管
140		门店安全检查与监控	每月抽查10家分店（监控或现场检查），其中夜间现场检查不少于3家	1000	元/月	抽查每少1家店扣100元产值，夜间检查每少1家扣200元产值	—	行政部	防损主管	防损主管
141		防损相关表格上交	安全巡查表、车辆费用分摊表、车辆维修费用表、司机产值表在每月5日前提交	500	元/月	延误或错漏，并承担由此带来的风险和损失	—	行政部	防损主管	防损主管
142		工程维修	换灯、启辉器、开关、灯盘、镇流器、巡店或查看各类水电及线路（维修前确认及鉴定工作)，报损资产鉴定，调整冬夏令时间响铃，增幅孔，拉线或挂横幅等，插座更换水龙头、电源插座、清洗空调滤网或更换网、检冰箱线路、物品柜拉手、安装地槽线等	50	元/次	巡店为每店次，其余皆为的大巡店，巡店为公司统一计划每次扣200元产值，其他不计	—	行政部工程维修工	工程维修工	工程维修工

— 132 —

Chapter 5 | 薪酬全绩效之 PPV 设计技巧

(续表)

序号	类别	工作事项	工作标准/说明	产值标准	单位	考核与计算方式	备注说明	归口管理部门	归口责任人	统计人
142	行政类	工程维修	厕所水箱维修更换，维修空调线路及水管，维修音响线，修五金件，修电风扇、水管维修、拆收边条和合页，修物品柜门锁，拆装修24小时灯筒，跳闸，玻璃门拉手等	100	元/次	—	—	行政部	工程维修工	工程维修工
			更换水电表、更换空气开关、基础装单铝塑板柜体等安装电话线路、维修安装射灯、热水器、换总闸、电路维修、修柜体等门店漏水，天花板天花板等门店无法处理的死猫死老鼠情况处理等	200	元/次	—	—	行政部	工程维修工	工程维修工
			电焊维修金属制品、拆装卡位及安装、安装玻璃、发电	300	元/次	—	—	行政部	工程维修工	工程维修工

— 133 —

绩效核能（行动版）

（续表）

序号	类别	工作事项	工作标准/说明	产值标准	单位	考核与计算方式	备注说明	归口管理部门	归口责任人	统计人
142	行政类	工程维修	工程验收（不含新店，主要指外包工程）	500	元/店	—	—	行政部	工程维修工	工程维修工
			大面积线路改造或灯管改造	1000	元/店	—	—	行政部	工程维修工	工程维修工
			新店各类水电工程验收、安装（含开业值班）	2000	元/店	—	—	行政部	工程维修工	工程维修工
			其他项目	50~300	元/次	发生当月由工程主管临时核定产值，后可添加至上述项目标准之中	—	行政部	工程维修工	工程维修工

Chapter 5 | 薪酬全绩效之 PPV 设计技巧

（续表）

序号	类别	工作事项	工作标准/说明	产值标准	单位	考核与计算方式	备注说明	归口管理部门	归口责任人	统计人
143	行政类	出车产值	每天9点前做好一切准备出车	100	元/次	10公里以下		行政部	司机	司机
				150	元/次	10~20公里		行政部	司机	司机
				200	元/次	20~50公里	规定必须有驾照的岗位出车不计产值，如拓展人员	行政部	司机	司机
				300	元/次	50~100公里		行政部	司机	司机
				400	元/次	100~200公里		行政部	司机	司机
				500	元/次	200~300公里		行政部	司机	司机
				600	元/次	300公里以上		行政部	司机	司机

绩效核能（行动版）

岗位产值提取分析表（岗位：　　　）

周期	工作项目	本人填写					上级衡量				处置建议		
		工作结果		单位消耗时间	数量（平均与规律）	月合计消耗时间及工作时间占比	修正说明	工作强度	技术难度	分类打包	定价方法	定价	合计
		易测量（两种以上测量方案）	不易测量（说明）										
每天													
每周													
月例													

Chapter 5 | 薪酬全绩效之 PPV 设计技巧

（续表）

周期	工作项目	本人填写					上级衡量			处置建议		
		工作结果		单位消耗时间	数量（平均与规律）	月合计消耗时间及工作时间占比	修正说明	工作强度	技术难度	分类打包	定价方法	定价合计
		易测量（两种以上测量方案）	不易测量（说明）									
季例												
年例												

操作说明：1. 先让各岗位填写此表；管理上级进行综合衡量。

2. 将同一部门或相关部门的所有岗位的产值标准统一归类划分。

3. 确定不易测量的部分，进行分类打包定价。

绩效核能（行动版）

商城品牌经理薪酬体系结构

方向	指标	权重	预算金额（元）	备注
核心产值（2300）	业绩目标的达成率	50%	1150	
	旗舰店动态评分	20%	460	
	目标管理检视	10%	230	
	工作日志检视	10%	230	
	团队培训	10%	230	
纯利产值（风险管理）（1700）	利润亏损3万元内		500	
	利润亏损2万元内		800	
	利润亏损1万元内		1200	
	盈利情况下		1700	
纯利额提成	纯利润0~5万元部分	6%	4500	
	纯利润5万~10万元部分	3.5%	1750	
	纯利润10万~20万元部分	4.0%	4000	
	纯利润20万元以上部分	4.5%		
销售奖励	同比上两月平均业绩增长30%以上		200	同比上两月的平均业绩增长率
	同比上两月平均业绩增长60%以上		300	
	同比上两月平均业绩增长100%以上		400	
其他	餐补		8元/餐	餐补根据公司福利制度，社保费根据国家规定缴纳
	社保		-225	

Chapter 5 | 薪酬全绩效之PPV设计技巧

核心指标考核方案

方向	指标	权重	金额	考核标准		数据来源
				（同比上月增长）		
核心产值	业绩目标的达成率	50%	1150	目标达成率80%以下	1020	由客服统计提供数据，财务核算
				目标达成率80%～100%	1100	
				目标达成率100%以上	1270	
	旗舰店动态评分	20%	460	低于同行业评分	400	客户评分每月30日查看旗舰店铺动态评分栏。 低于：三项中有一项低于同行业评分。 持平：三项评分没有低于同行业评分。 高于：三项全部高于同行业评分
				持平同行业评分	460	
				高于同行业评分	550	
	目标管理检视	10%	230	差	140	评分标准： 优（每月初做目标分解会、每周做目标检视会） 良（每月初做目标分解会，每周没有做目标检视会） 差（没有做目标分解会，没有做目标检视会）
				良	170	
				优	250	
	部门工作日志检视	10%	230	差	140	评分标准： 优（部门每人3次内忘提交工作日志） 良（部门有1人超3次忘提交，并在5次以内） 差（部门有2人超3次忘提交或有1人超5次忘提交）
				良	190	
				优	250	

绩效核能（行动版）

(续表)

方向	指标	权重	金额	考核标准（同比上月增长）		数据来源
核心产值	团队培训	10%	230	低于2小时	200	人事部每月统计所培训时间
				2小时	230	
				超过2小时	280	

客服组长薪酬结构

方向	指标	权重	预算金额/元	备注
核心价值（1200）	阿里巴巴目标达成率	25%	300	—
	询单转化率	25%	300	—
	客户满意度评分	15%	180	—
	售前出错率	15%	180	—
	在线响应接待	10%	120	—
	售后处理完成率（退货、退款）	10%	120	—
其他产值（800）	客服人员管理、售前客服		800	
阿里巴巴毛利额提成	毛利额0~5万元部分	2%	1000	—
	毛利额5万~10万元部分	1.5%	750	—
	毛利额10万~20万元部分	1.60%	1600	—
	毛利额20万元以上部分	1.70%		—

Chapter 5 | 薪酬全绩效之 PPV 设计技巧

(续表)

方向	指标	权重	预算金额/元	备注
旗舰店及个人店毛利额提成	毛利额 0~6.5 万元之间部分	2.5%	1625	—
	毛利额 6.5 万~17.5 万之间部分	1.0%	1100	—
	毛利额 17.5 万~35 万元之间部分	1.1%	1925	—
	毛利额 35 万元以上部分	1.2%	—	—
业绩奖励	本月业绩同比上两月平均业绩增长 30% 以上	—	100	同比上两月的平均业绩增长率
	本月业绩同比上两月平均业绩增长 60% 以上	—	200	
	本月业绩同比上两月平均业绩增长 100% 以上	—	300	
其他	餐补	8 元/餐	—	餐补根据公司福利制度，社保费根据国家规定缴纳
	社保	-225	—	

绩效核能（行动版）

核心指标考核方案

方向	指标	权重	金额/元	考核标准		数据来源
核心价值	阿里巴巴目标达成率	25%	300	目标达成率80%以下	200	财务统计
				目标达成率80%~100%	300	
				目标达成率100%以上	400	
	询单转化率	25%	300	低于行业平均值	200	后台数据
				持平行业平均值	300	
				高于行业平均值	400	
	客户满意度评分	15%	180	低于行业平均值	160	店铺动态评分（阳）
				持平行业平均值	180	
				高于行业平均值	200	
	售前出错率	15%	180	出错率3%以上	160	后台数据
				出错率3%以内	180	
				无出错	200	
	在线响应接待	10%	120	超过60秒	90	后台数据
				60秒内	150	
	售后处理完成率（退货、退款）	10%	120	3单以上超过24小时处理	90	后台数据
				3单内超过24小时处理	150	

Chapter 5 | 薪酬全绩效之 PPV 设计技巧

美工薪酬绩效结构体系

绩效指标方向	关键指标	权重	指标金额/元	备注
工作价值（2200元）	访问深度	30%	660	—
	宝贝描述相符评分	15%	330	—
	主推产品转化率	20%	440	—
	项目负责人满意度评分	15%	330	—
	付费图片点击率	20%	440	—
个人产值（2000）	图纸的创新性、及时性，与同事的工作配合度	—	2000	
其他	餐补	8元/餐	—	餐补根据公司福利制度，社保费根据国家规定缴纳
	社保	-225	—	
合计		—	4200	

关键指标考核方案

	指标	权重	金额/元	考核标准（同比上月增长）		数据来源
核心价值	访问深度增长率	30%	660	低于行业平均值	450	店铺后台数据
				持平行业平均值	660	
				高于行业平均值	900	
	宝贝描述相符评分	15%	330	低于行业平均值	250	店铺动态评分
				持平行业平均值	330	
				高于行业平均值	450	
	主推产品转化率	20%	440	同比上月无增长	325	店铺后台数据
				同比上月增长3%内	440	
				同比上月增长3%以上	600	

绩效核能（行动版）

(续表)

	指标	权重	金额/元	考核标准（同比上月增长）		数据来源
核心价值	日常工作检视	15%	330	未及时提交并提交有错别	250	检视内容：①及时提交所需设计图；②所提交的图片无错别
				未及时提交或提交有错别	330	
				及时提交并无错别处	450	
	付费图片点击率	20%	440	低于行业平均值4%	325	软件数据
				持平行业平均值4%	440	
				高于行业平均值	600	

分销薪酬体系结构

方向	指　标	权重	预算金额/元	备注
核心产值(1300)	业绩目标的完成率	40%	520	—
	常规销售目标业绩增长率	20%	260	—
	常规销售目标业绩完成率	20%	260	—
	平台管理评分	10%	130	—
	分销业务出错率	10%	130	—
其他产值1000	分销阿里及其他基础工作	—	1000	—
阿里及分销毛利额提成	毛利额0~5万元部分	4%	2000	—
	毛利额5万~10万元部分	2.3%	1150	—
	毛利额10万~20万元部分	2.4%	2400	—
	毛利额20万元以上部分	2.5%	—	—

Chapter 5 | 薪酬全绩效之 PPV 设计技巧

(续表)

方向	指标	权重	预算金额/元	备注
销售额奖励	本月业绩同比上两月平均业绩增长 30% 以上	—	100	本月业绩同比上两月的平均业绩增长率（分销业绩）
	本月业绩同比上两月平均业绩增长 60% 以上	—	200	
	本月业绩同比上两月平均业绩增长 100% 以上	—	300	

核心指标考核方案

方向	指标	权重	金额/元	考核标准（同比上月增长）		数据来源
核心产值	业绩目标的达成率	40%	520	目标达成率 80% 以下	416	由客服统计每月提供数据，财务核算
				目标达成率 80%～100%	520	
				目标达成率 100% 以上	624	
	常规销售业绩业绩完成率	20%	260	目标达成率 80% 以下	208	由客服统计每月提供数据，财务核算
				目标达成率 80%～100%	260	
				目标达成率 100% 以上	312	
	常规销售目标业绩增长率	20%	260	同比上月无增长	208	由客服统计每月提供数据，财务核算
				同比上月增长 20% 内	260	
				同比上月增长 20% 以上	312	
	平台管理评分	10%	130	差	104	每月按照具体的检视内容执行
				良	130	
				优	156	
	分销业务出错率	10%	130	同比上月出错率增加	104	售后统计每月分销所出现的售后问题
				同比上月出错率减少 10% 内	130	
				同比上月出错率减少 10% 以上	156	

Chapter 6
预算与管控

Chapter 6

Chapter 6 预算与管控

有一次，一老板在我办公室聊天，他说不知道自己这一年到底赚了多少钱。我说，你不是有财务报表吗？他回答说：报表好像不太准，因为对很多数据大家都有争议。

还有老板向我抱怨说，去年销售额同比增长了10%，反而利润下降了30%，只知道员工收入增加了15%，成本上涨了5%，但是怎么算，也不至于是这种结果。

很多企业老板是数据盲：（1）不懂看或不看报表，所以不知道企业真正赚或亏了多少钱；（2）不做预算管理，所以该花的钱不舍得花，不该花的钱很随意花了；（3）不关注数据，所以听不到数据背后的反馈，经常拍脑袋决策。

在很多大型企业、跨国企业，必须要设立两个委员会，一是预算委员会，一是薪酬委员会。前者是大资源分配系统，特别关注投资人的投入与回报；后者是利益再分配系统，主要关注经营管理层、各级员工获得的短中长期利益。

做好预算，最基本可以实现两大价值：一是明确了各项目标，并使之做到系统的数据化；二是强化了内部管控，每个员工对各种支出都有责任与利益关系。

企业的精细化管理必须从数据和客户价值开始，没有数据结果导向，一切都是空的。

全面预算管理

预算是指对未来的经营周期、特定工作项目进行投入产出的预测、评估、建立相关标准、实施管控的工作系统。

预算是一种方法，也是一个系统。

企业的经营管理工作其实都是从预算开始。但没有建立预算模式的企业，大多停留在匡算、估算的层面，同时比较偏向财务预算。

企业为什么要做预算？预算具有独特、不可取代的价值。有预算，真正实现"一切用数据说话"；有预算，目标清晰，标准明确，工作结果与评价不再空洞；有预算，可以更有效地保障利润的实现。

预算的价值主要通过做到以下四项工作来实现：

一、目标分解：通过预算，实现目标的逐层逐级、深入细化的分解。

二、费用管控：每项费用都有两个以上的责任人，并通过激励机制实现主动管控。

三、责任区分：通过数据化、精细化，做到责任明确、清晰到人。

四、分析改善：通过在事中与事后的分析、调整，实现改善经营过程的目的。

全面预算管理是将企业制定的经营目标、战略目标、发展目标,层分解,下达于企业内部各个经济单位,以一系列的预算编制与执行、控制、检视、反馈、评价与考核为内容建立的一整套科学完整的指标、数据管理控制系统,通过全员参与、横纵沟通实现企业全部业务的量化、细化,并对经营活动全过程的投入产出展开检视、控管,以绩效结果为导向进行评价与激励的管理系统。

现在很多企业没有做全面预算,只是在做财务预算,例如:

(1) 净利润、营业利润;

(2) 销售额、销售增长、毛利额、毛利增长;

(3) 制造成本、采购成本、管理费用、销售费用、财务费用等;

(4) 资产、回款率、坏账率等。

这些都属于财务类型的指标。这些指标在企业经营中非常重要,也是预算的重点和核心,但并不是预算的全部。

财务指标的实现,必须要依靠众多管理指标、二级三级财务指标分解的达成。例如:

(1) 人创销售额、毛利,反映了人效状况;

(2) 门店每平方米销售额、毛利,反映了租金的坪效;

(3) 单品贡献率、返修率、合格率,反映了品效;

(4) 项目投入产出比,反映了产效;

(5) 客户满意度、老客户消费增长率,反映了客效;

(6) 投资回报率、资产增值率、优良资产率、坏账率,反映了财效。

当然，还有很多反映"人才管理、质量管理、成本管控、流程管理、客户管理"等方面的指标与标准，也具有重要的价值，有些指标看上去是过程性指标，却是不可或缺的条件。

六效合一，就是绩效！

所以，相比财务预算，全面预算有两大特点：

（1）指标覆盖很全面，以财务指标作为核心，包含经营管理各个方面重要的结果与过程指标。形成指标系统，管控到过程与细节，确保经营结果的实现。

（2）做到分级细化，将重要的指标进行全面分解，落实到每一个人、每一个重要工作项目，确保事事有预算、人人有目标。

企业预算主要有六大特征：

（1）数据化：这是企业财务的基本特征，一切以数字、数据表达。文字只是分析与补充。

（2）滚动性：预算具有"水"性，可以流动。这个月的目标没有达成，自然滚动到下个月，归结到季或年。

（3）弹性：有的预算项目可以按弹性设置，比如定额预算项目，设定上下浮动5％或10％是合理的。有的预算按百分率来预算，则具有天然的弹性。

（4）不可突破：一般有很多费用预算项目，具有不可突破性。一旦突破，必须走预算外申请的流程。

（5）精细化：如果做不到精细，预算都只是"匡算、估算"，分解越细致，预算管控就越到位。

（6）三事合一：事前编制预算、事中控制预算、事后考核预算。

关于滚动性，需要特别说明的是：必须要界定哪些预算项目可以滚动，而哪些项目是不可以滚动的。例如：

交通费用：一般是不可以滚动的。这个月没有用完的，就当做节约了。

有人问，如果是某项工作的交通费用，这项工作我改到下个月进行，而预算在这个月，怎么办？

这种情况属于正常的预算调整。跟着工作项目走的预算，都可以灵活调整。不过，从另外一角度来看，还要分析工作项目调整的具体原因，是客观因素还是主观因素造成的。如果是主观因素导致，比如责任人忘记了、工作计划不到位耽搁了等，原则上要承担一定的管理责任。预算非常严谨的企业，可能会考虑取消这项预算。

请大家认真阅读这份制度文件，接下来我带大家一起解读。

全面预算管理制度实操案例及解析

1. 目的

加强对各部门预算编制的科学管理，提升企业战略执行能力，有效整合企业人、财、物等资源。

2. 适用范围

适用于公司及下属分（子）公司。

3. 职责

3.1 董事会：审议批准全面预算和重大调整方案。

3.2 预算管理委员会：全面预算管理的领导、组织和协调。主要职能：

3.2.1 确定年度预算目标；

3.2.2 审批有关全面预算管理的政策、规定、制度等文件；

3.2.3 制定全面预算编制的方针、程序和要求；

3.2.4 审查公司全面预算草案和下属二级单位预算草案，并就必要的修订提出指导意见；

3.2.5 审批预算管理奖惩办法；

3.2.6 预算下达、预算一般调整及预算考评工作；

3.2.7 承担全面预算管理及调控职能，仲裁和协调全面预算管理中的冲突和纠纷。

3.3 预算办公室（财务会计部）：主导全面预算管理工作，其职能包括：

3.3.1 汇总、分解经营预算、资本预算，并负责财务预算编制；

3.3.2 负责资金监控；

3.3.3 定期向预算管理委员会反馈预算执行情况，分析差异原因；

3.3.4 重大情势变化时，负责向预算管理委员会及时报告，并提出预算调整预案；

3.3.5 负责各部门预算管理的指导、监督、反馈和服务工作。

3.4 归口管理部门：主导归口管理预算，其职能包括：

3.4.1 负责归口经营业务和费用管理预算的汇总、分解；

3.4.2 监控归口预算的执行及考评；

3.4.3 定期向预算管理委员会反馈归口预算执行情况，分析未达标原因；

3.4.4 重大情势变化时，负责向预算管理委员会及时报告，并提出归口预算调整预案。

3.5 各部门、各单位负责编制本部门、本单位的管理价值预算、经营预算、资本预算并执行预算管理委员会下达的预算指标和提出预算调整申请。

4. 依据

4.1 《企业财务通则》

4.2 《关于企业实行财务预算管理的指导意见》

4.3 《公司章程》

5. 内容

5.1 全面预算管理的定义：是对企业在一定时期内（一般为一年）各项业务活动、财务表现等方面的总体预测。

5.2 全面预算管理的基本原则和基本流程：

5.2.1 基本原则：

5.2.1.1 以战略规划目标为指导，以经营目标为前提，以目标利润为起点，以对各因素的深入分析、历史数据的参考和销售预测为基础，实现企业价值最大化。

5.2.1.2 企业一切经营活动全部纳入预算范畴，做到全员参与、全面覆盖、全程监控。

5.2.1.3 收入导向、成本导向、利润导向、现金流量导向相融合。

5.2.1.4 划分可控与不可控范围，将可控因素列入预算。

5.2.1.5 上下结合，分级编制，逐级汇总。

5.2.1.6 预算内额度授权与预算外程序审批相结合。

5.2.1.7 事前预算、事中监控、事后考评相结合。

5.2.2 基本流程：

5.2.2.1 确定目标：

➢ 明确公司战略规划和年度经营计划；

➢ 组织制定预算目标、编制方法和程序；

➢ 划分到最小的核算单位和预算单位，必要时要划分到岗位，明确责任单位，明确细分目标。

➢ 明确各级责任单位预算项目及目标要求；

5.2.2.2 预算编制、上报、审核、批准：

➢ 由最低一级预算责任单位编制本单位预算，逐级上报审核、汇总、平衡。

公司汇总的总预算报董事会批准。

5.2.2.3 预算执行，实行预算例会制度，分析预算执行情况，向上逐级编报预算执行报告，提出改进和巩固措施并加以落实。

5.2.2.4 预算调整。

5.2.2.5 预算考评。

5.3 全面预算管理的内容包括：

5.3.1 制定企业在预定时期内的战略规划和经营目标。

5.3.2 编制公司经营预算、资本预算、财务预算、管理价值预算。

5.3.3 经过法定程序审查、批准企业预算。

5.3.4 全面执行企业预算。

5.3.5 对执行预算过程进行监督和调控。

5.3.6 编制预算执行情况的反馈报告，并对执行情况进行分析。

5.3.7 对各预算执行部门的业绩进行考核评价，奖惩兑现。

5.4 全面预算管理的组织体系：

5.4.1 由预算管理决策机构（即预算管理委员会）、预算管理职能机构（即财务会计部、归口管理部门）和预算管理执行机构（即各级预算责任执行主体）三个层次组成。

5.4.2 预算管理委员会的成立：公司成立预算管理委员会，由总裁担任预算管理委员会主任；负责（或指定他人）召集并主持召开预算会议，根据预算会议的讨论结果作出最终决策。

（1）由行政副总裁兼任预算委员会执行主任，负责主导预算委员会的管理工作，推动全面预算的各项重要工作，审核预算外申请。

（2）财务总监为预算管理委员会执行副主任，负责全面预算管理的常规事务工作和相关协调工作；监督预算管理的全过程，包括预算的编制、审核、上报、审批、分解下达、执行、控制、分析、评价和考核。

（3）预算管理委员会委员由主任提名，报董事会同意。原则上为各部门负责人。

（4）预算管理委员会下辖常设机构：预算办公室（财务会计部），负责给各部门提供编制预算所需的表单格式、收入成本费用等历史资料；汇总初步预算，提出建议事项，交预算管理委员会讨论等日常预算工作。

5.5 全面预算的编制：

5.5.1 公司全面预算的编制，自每年十月初开始，十二月中旬完成；各项预算本着"谁执行预算，谁就编制相应预算草案"的原则确定编制责任单位如下：

5.5.1.1 主营业务的销售预算、经营费用预算等草案由营运管理部编制；

5.5.1.2 其他分子公司销售预算、经营与生产费用预算草案由分管负责人编制；

5.5.1.3 物业租赁收入、成本、费用预算等草案由物业事业部编制；

5.5.1.4 网站、软件开发成本、费用预算草案由信息管理部编制；

5.5.1.5 人事预算草案由人力资源部编制；

5.5.1.6 归口管理预算草案由归口管理部门负责编制；

5.5.1.7 商品采购预算、存货预算草案由采购业务部编制；

5.5.1.8 管理费用预算草案由各职能部门编制；

5.5.1.9 财务费用预算草案由财务会计部编制；

5.5.1.10 固定资产投资预算草案由项目主管部门编制；

5.5.1.11 筹资费用预算草案由财务会计部编制；

5.5.1.12 现金预算草案由现金收入部门和各现金支出部门编制；

5.5.1.13 预计资产负债表、预计利润表、预计现金流量表由财务会计部编制；

5.5.1.14 其他预算草案均按照职能部门分工编制。

5.5.2 全面预算的编制程序：

5.5.2.1 股东大会根据本地区同行业平均资本报酬率，提出公司年度预算的目标利润。目标利润要有一定挑战性，即高于同行业平均资本报酬率。

5.5.2.2 董事会根据股东大会确定的目标利润，提出公司为达到目标利润所要实现的主要任务指标，包括销售收入、成本费用水平、对外投资的收益水平以及其他业务净利润水平等。指标的制定应以具备挑战性但经过努力又可以达到为原则。

  5.5.2.3　预算管理委员会编写工作计划和实施方案；组织职能及归口管理部门就董事会提出的与自身业务相关的指标，进行可行性论证，以确定该指标达成的可能性，并提出年度预算的目标管理价值。

  5.5.2.4　各职能及归口管理部门依据经营计划按财务会计部设定的预算表格来编制相应的业务收入和支出预算。

  5.5.2.5　预算管理委员会对职能及归口管理部门已进行可行性论证的预算指标组织分解到各责任部门，各责任部门结合自身的实际状况，分析指标实现的可行性，并将指标分解到各岗位，并形成自身的可行性分析报告，如有投资可行性，也提出论证方案，并报预算管理委员会评审。

  5.5.2.6　各部门、各岗位接到分解的指标任务后，应召开责任部门全员大会，提出自身的可行性报告，并报上一层次的预算责任部门。

  5.5.2.7　预算管理委员会接到各部门的可行性报告后，召开由职能部门参加的协调会，对有关指标进行适当调整，确保目标利润和目标管理价值的实现。当确定难以完成目标利润时，在提出充分理由的基础上，经预算管理委员会同意、报董事会批准后调整指标。董事会对各部门、各层次提出的投资可行性方案，交由预算管理委员会或聘请专家组进行论证，并根据论证结果最终确定拟实施的投资方案。

5.5.2.8 财务会计部负责汇总各部门单位的经营预算、费用预算、资本预算；依据各部门提交的预算表格对预算项目进行试算平衡，并最迟于12月中旬前，将试算平衡后的财务预算方案交预算管理委员会评审。

5.5.2.9 预算管理委员会召开各部门参加的预算任务布置大会，布置任务指标，确定其责任指标。

5.5.2.10 各部门最终确定接受任务指标，并落实到各岗位。

5.5.2.11 预算评审有争议的，重复本条4～10过程，直到通过。

5.5.2.12 预算管理委员会将评审后的方案交董事会审议通过后发布。

5.6 全面预算体系运行的框架：

5.6.1 全面预算体系包括经营预算、资本预算、财务预算和管理价值预算四大部分。包含但不限于以下内容：销售预算、采购预算、存货预算、现金流预算、财务状况预算、利润预算、投资预算、人力成本预算、人效预算、资本预算、其他业务收入预算、销售成本预算、销售税金预算、固定资产预算、销售费用预算、管理费用预算、财务费用预算、资金预算等。

5.6.2 预算分为长期预算和短期预算，短期为一年，长期为五年。长期预算与短期预算通过滚动预算进行衔接。

5.7 全面预算的编制方法：

应由目前采用的固定预算、增量预算、定期预算的编制方法，逐步向弹性预算、零基预算、滚动预算、概率预算、电子预算的编制方法过渡。

5.8 预算的分解与执行、控制与反馈、分析、评价与考核：

5.8.1 分解与执行：

5.8.1.1 各部门分别承担业务预算、费用预算等预算的执行职能。企业预算一经批准下达，即具有指令性，各预算执行单位就必须认真组织实施，将预算指标层层分解，从横向和纵向落实到内部各部门、各单位、各环节和各岗位，形成全方位的全面预算执行责任体系；公司各部门应当将全面预算作为预算期内组织、协调本部门各项经营管理活动的基本依据。

5.8.1.2 建立责任中心。公司必须根据核心价值因素可控性原则调整内部组织结构，使每个部门、岗位和环节转化为成本中心和利润中心。

5.8.1.3 本着做什么就将相关预算指标分解到该中心，分解什么预算指标就享有什么权利、承担什么责任、获得什么利益的原则，分解预算指标，确定相应的权、责、利。

5.8.1.4 对各责任中心进行责任核算，建立责任会计体系。通过责任核算揭示各责任中心完成各预算责任指标的情况。

5.8.2 预算的控制与反馈：

5.8.2.1 预算控制方法主要按照金额进行管理，同时运用项目管理、数量管理的方法。

5.8.2.2 在预算管理过程中，预算内的项目由各归口管理部门进行控制，财务会计部负责监督。

5.8.2.3 预算目标是与绩效考核挂钩的硬性指标，一般情况下不得调整。

5.8.2.4 关于费用的年度预算主要按费用率进行管理，如需增加时必须由执行部门提出申请，说明原因及对今后发展趋势的预测，上报相关部门并由预算管理委员会最终审核。

5.8.2.5 各部门必须强化现金流量的预算管理，按时组织预算资金的收入，严格控制预算资金的支付，调节资金收付平衡，控制支付风险。对于预算内的资金拨付，按照授权审批程序执行。对于无预算、无合同、无凭证、无手续的项目支出，一律不予支付。

5.8.2.6 各部门必须严格执行财务目标预算。各预算执行部门必须建立健全原始记录，及时发现预算执行中出现的异常情况，查明原因，提出解决办法。

5.8.2.7 公司建立全面预算报告制度，各预算执行单位必须按预算管理办公室的要求定期报告全面预算的执行情况。对于全面预算执行中发生的新情况、新问题及出现偏差较大的重大项目，预算管理办公室必须责成有关预算执行单位查找原因，提出改进经营管理的措施和建议。

5.8.2.8 财务部门必须利用财务报表和各类内部报表监控全面预算的执行情况，及时向预算执行单位、预算管理委员会和总经理提供全面预算的执行进度、执行差异及其对公司全面预算目标的影响等各种信息，促进公司完成全面预算目标。

5.8.2.9 公司预算管理委员会应当定期组织全面预算审计，纠正全面预算执行中存在的问题，充分发挥内部审计的监督作用，维护全面预算管理的严肃性。

5.8.2.10 全面预算审计可以采取全面审计或者抽样审计。在特殊情况下，公司也可组织不定期的专项审计。

5.8.2.11 审计组监控整体预算执行过程，业绩跟踪小组负责预算执行结果的评价。

5.8.2.12 业绩跟踪小组组长每月 15 日前组织月度预算检讨会，对当月执行情况进行评估，对当期实际发生数与预算数之间的差异，分析有利及不利因素，并提出改进措施。

5.8.2.13 审计组利用 ERP 系统对各部门经济业务进行跟踪，核实业绩跟踪小组的月度预算考评结果，在预算检讨会上确认。

5.8.2.14 审计工作结束后，审计组应当形成审计报告，直接提交预算管理委员会，作为全面预算调整、改进内部经营管理和全面考核的一项重要参考。

5.8.3 预算差异分析：

公司实行预算执行分析报告制度。预算执行过程中，各级预算责任单位应组织专门人员及时检查、追踪预算的执行情况，对全面预算的执行进度、执行差异进行全面跟踪分析，形成预算执行分析报告，向上逐级上报。

5.8.3.1 预算执行分析报告分临时性报告和定期报告：临时报告，对重大差异和问题要及时报告。定期报告分为月、季度、年度报告。

5.8.3.2 预算执行分析报告至少包括以下内容：

➢ 本期预算数、本期实际预算完成数、本期差异、累计预算数、累计实际发生数、累计差异数；

➢ 对差异进行具体分析；

➢ 产生不利差异的原因、责任归属、改进措施以及形成有利差异的原因和今后进行巩固、扩大的建议。

5.8.4 预算的评价与考核：

预算考核具有两层含义：一是对全面预算管理系统进行考核评价，即对企业经营业绩进行评价；二是对预算执行者进行考核评价。考核应遵循的原则：

➢ 目标原则：以预算目标为基准，按预算完成情况评价预算执行者和业绩。

➢ 激励原则：预算目标是对预算执行者业绩评价的主要依据，考核必须与激励制度相配合。

➢ 时效原则：预算考核是动态考核，每期预算执行完毕应立即进行。

➢ 例外原则：对一些阻碍预算执行的重大因素应作特殊处理。

> 分级考核原则：预算考核要根据组织结构层次或预算目标的分解层次进行。

5.8.4.1 预算半年度、年度终了，公司预算管理委员会应当向董事会报告全面预算执行情况，并依据全面预算完成情况和全面预算审计情况对预算执行单位进行考核。

5.8.4.2 预算管理委员会每半年讨论全面预算执行情况，评选出预算执行最好的部门和最差的部门（可空缺），由业绩跟踪小组制定奖惩方案，提交主任批准执行。

5.8.4.3 公司全面预算执行考核是企业绩效评价的主要内容，应当结合年度内部经济责任制考核进行，与预算执行单位负责人及员工收益奖惩挂钩。公司预算考评体系设计主要包括八个方面的内容：考评内容体系、业绩指标体系、指标标准体系、考评周期体系、考评关系体系、考评结果兑现体系、考评管理体系、考评反馈体系。

5.9 预算的调整：

5.9.1 季度经营预算达成率必须在90%以上（已预算但未开的新店的经营预算不包括在内）；投资预算达成率必须在85%以上；连续三个月未达标的预算，需考虑调整预算指标。

5.9.2 年度预算调整：因未预见的环境因素、企业发展需要等情况导致经营发生重大变动，需要调整预算时，由需求部门提出书面申请，在季度预算执行情况会议上讨论确定。如调整影响到整体预算，经预算管理委员会讨论通过后，上报公司董事长批复后调整。

全面预算实操案例剖析

一、谁负责编制预算？

首先，编制预算一定不只是财务部门的事情。

其次，预算管理的负责人不一定是财务部门的负责人。

在过去两家企业担任公司高管，我都是预算管理的负责人，可是我基本上没有系统学习过财务管理。预算管理需要一定的财务基础，但却高于传统的财务管理。

每一个管理者、每一项工作的责任人，都是预算的编制人。

根据企业规模，可以设立专门的预算管理机构，甚至流程部门。我曾工作的一家企业，在财务会计部下新设了预算组，取代成本费用会计的很多职能，专门对成本费用预算进行管控，成效明显。

二、谁负责执行预算？

公司所有员工都有目标、有责任执行相关的预算。遵守公司的预算管理制度，在预算范围内履行工作职责，创造岗位增值。

但是，各级管理者要对预算执行的过程与结果负责，通过检视、反馈、考核、评价等督促管理者管控预算、达成经营目标。

三、谁负责考核与检视预算？

从职能机构来看，原则上是上级管理部门、财务部门、人力资源部门、预算管控部门等负有预算的考核、检视功能与责任。

但依靠职能管理与人盯人的方式,显然是不够的。必须从检视、考核、评价、激励等机制上解决预算可能存在的诸多问题。

不过,我认为其最高境界还是如何将公司、部门的预算转化为员工个人的预算。举一个例子:

假如你公司有 5 名清洁工,每月工资、清洁材料费、员工福利加起来需要 30000 元。现在你遇到三个问题:一是清洁工团队不稳定,主要因为收入低、工作量大;二是清洁材料费用偏高;三是大家对公司的清洁卫生不太满意,但由于团队不稳,作为管理者,你又不敢过多批评与扣罚。怎么办?

我的建议是"在预算分配上放权,在结果要求上收权",具体做法:

(1)还是 30000 元费用为基础,由清洁工班长带领团队一起承担,允许减少一人,省下的工资可以考虑分给其他员工;清洁费用有节约的,50%用作月或季奖金,50%用作年终奖金。

(2)明确提出清洁工作的衡量标准,并采用公平透明的评价机制。达不到标准、违反公司规定的,可以从 30000 元预算额度中进行扣减。

根据我的经验,这种方法还是比较有效的,一般会通过减人增效、提升计划责任管理等方式,提升清洁工的收入、奖励,改善员工的工作状态与稳定性。

四、小微企业如何做预算?

我个人不是很认同上述预算管理制度,不是不好(是我审定的，呵呵)，是太复杂了。对小微企业而言，一定不要这样写，没有人愿意看。

有一家企业出台一项规定"一页纸制度"，要求所有制度的长度不能超出一张纸的容量。我比较赞成。不过，一些关键的制度，可以放宽条件，例如：薪酬制度、考核制度、预算制度等。

小微企业的预算也不要求面面俱到、尽善尽美。因为预算越精细，量化的成本可能会越高。因此，抓住"六效"的关键指标进行分解、细化，根据企业的规模与信息化程度，考虑深度与广度的延伸。

如何使费用得到有效管控

在担任企业高管时，我常常喜欢说一句话：

预算以外的开支都是对利润的侵占，除非它会带来新的利润！

有一家经营五金批发的企业，在当地排名前三，2011年公司销售达到5000万元，比上年增长20%，但利润只有上年的30%。我看了他们的报表后，只表述了四个字："费用失控"。

几年前，有一家连锁企业，公司销售额很大，但账面利润只有50万元。我建议他们首先做好预算管控，这一年账面利润达到500万元。

很多利润常常是被费用悄悄吃掉的。因为，作为老板、高管，下级申报的每一笔开支好像都是很有必要支出的，而且"懂事"的员工在花费申请前都会预先把理由想得非常充分，甚至把如不开支将带来的恶果都清晰地描述出来，让你无法拒绝。

企业经营管理费用主要包括生产成本（制造成本、采购成本等）、管理费用、财务费用等三大项。也有的企业将管理费用进行细分，如销售费用、开办费用、公关费用、工资费用、奖励费用等。根据企业自身企业，有的费用可以独立列项，有的可以包含在管理费用这个大项中。

费用的细分主要按"组织、周期、产品、人、地区"等五个维度进行。如下图所示：

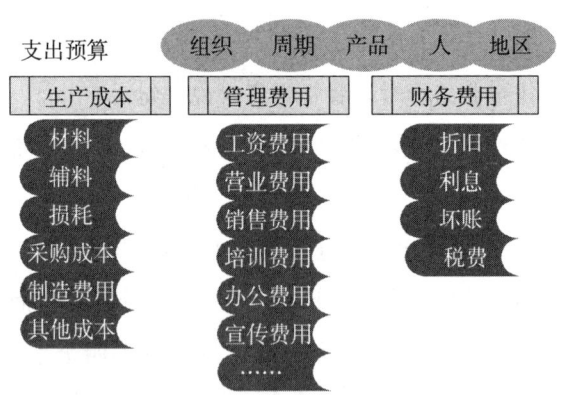

一旦形成预算，应该被严格执行。例如，你今年的利润目标是2000万元，人力资源部申请说，希望增加一名培训主管、一名保洁员，预计一年工资奖金福利等开支需要20万元。你就要明确告诉他,如果同意增配编制,我们今年的利润目标不再是2000万元,而是1980万元。除非,人力资源部能在原来预算的基础上做出结构性的调整。

有一次,营运总监对我说,希望增加商品促销费用30万元。我问她,新增的费用会带来什么结果?她很果断地说,至少可以创造200万元的新增销售。我很快同意。

过了一段时间,这位营运总监又来找我说,希望增加广告费20万元。我问她同样的问题,她迟疑了一下说,因为看到竞争对手加大广告投入,我们也要跟进,主要是用来做公司品牌宣传,短期收益较小,但对未来有帮助。大家认为我会同意吗?

我肯定不能同意?!

不,我同意了。不过,我补充说,这笔费用可以做预算外申请,但考核方面,不会增加你的费用额。我们对她的考核是相关费用率,如果分母(销售额)不变,而分子放大(费用额),显然她这项指标就不能完成,这将影响对她的评价与激励。她想了想,表示先观察一下竞争对手的做法与影响以后再说。

当年,她再没有提及新增这笔费用,事实上也没有造成什么不良的影响。作为高管,不要过多否定下属的提议。有时需要用机制来解决问题,有时需要将问题交回给当事人自己去面对与解决。

费用预算有四大原则:

(1) 谁使用谁负责:对于下达到后的部门费用、岗位费用,全部要落实到责任人头上。

(2) 双线责任制:设立归口费用责任制,每一项费用除了有使用人、上级管理责任人,还要有归口管控部门,至少做到双线责任。

(3) 全员责任制:所有的员工都有费用管控责任,特别要突出对公共费用的管理(如水、电、办公用品、公司资产等)。

(4) 有效责任制:对重点可控费用要重点监管,提升至考核与特别奖励的高度。

做好费用管控,要从以下五个方面入手:

(1) 全员参与,落实到具体人,有针对性地激励。

(2) 划分可控与不可控范围,将可控因素列入重点预算。

(3) 上下结合,分级编制,逐级汇总。

(4) 预算内额度授权与预算外程序审批相结合。

(5) 事前预算、事中监控、事后考评相结合。

费用分类管理

管理费用可以分为固定费用与变动费用、可控费用与不可控费用、归口费用与非归口费用、一般性费用与非一般性费用、预算内费用与预算外费用等。

可控与不可控这种分类,具有重要的使用价值。在考核时,常常会针对某一特定岗位,选用与之匹配的可控的变动费用作为费用类考核指标。

我有一次到一家广告类企业做顾问,对行政部经理有一项费用节约率指标。费用项目包括写字楼租金、水电费、资产费用、办公费用、交通费用、汽车油费、路桥费、员工宿舍伙食费等,几乎是与之有关的所有费用。假如这些费用的总额是每月50万元,如果行政部经理在汽车管理方面推出一项新措施,每月可节约2000元,算算节约费用率是0.4%,还不到一个百分点。看起来微不足道。但是如果将一些于她而言不可控的、固定的费用项目剔除掉,有10万元费用,那么节约费用率就是2%。管理的价值更容易显现出来。

要特别说明的是,可控与不可控是相对而言的,对于一名生产主管而言,财务费用是不可控的,但对财务部门而言又具有一定的可控性。对于一名店长而言,房租是不可控的,但对于开店拓展部门而言,房租是可控的。

归口费用,如工资归口到人力资源部管理,办公费用归口到行政部管理,电话通讯上网费归口到信息技术部管理。非归口费用是相对归口费用而言的。

几年前,我在一家企业任高管时,关于电话通讯上网费,以前一直是由行政部归口管理,相信很多企业也是这样设定的。

大家注意,管与控的差别。行政部对电话通讯上网费可以发挥"控"的作用,但基本上起不到"管"的作用。而信息技术部不同,他们可以通过新的网络技术改善这项费用的开支。所以,我想说,归口的目的不仅是在于增加控制力,还应具备积极推动改善的管的能力。

一般性费用指管理者经过授权,在预算范围内可以先批准支出的费用,如差旅费、汽油费、伙食费等。非一般性费用如员工工资、福利、超预算费用等。

企业必须赋予管理者一定的人权、财权、业务权,不可能所有的费用都要事前申请、报批,这不利于管理者发挥主动管控的作用,当然也约束了管理者的权力创造。

在有合理机制的基础上,管理者的权力更是一种责任。例如,管理者每花一分钱都要向老板报告,那么管理者就是帮老板花钱的人,如果转换到位,管理者花的都是自己的钱、或者与自己的利益有密切关系,结果肯定有所不同。

费用节省与超预算

节省费用是否一定要给予奖励呢?

我以前有一个下属,归口管理公司的伙食费,原来每个月的员工伙食费预算是 12 万元,后来实际支出减少至 10 万左右。他来找我要奖励。我问他节约的原因是什么?他说,一是加强了后勤员工的培训;二是在饭堂张贴了很多文化与提示性标语。我告诉他主要原因,一是由于公司变革,总部员工人数减少了 20 人,二是公司出面更换了供应商,直接降低了采购单价。

在不影响工作与效果的条件下,节省费用是值得提倡、鼓励甚至奖励的。对于好的结果,首先要鼓励,但对于有直接贡献的人，要客观区分贡献归属，给予可对应的奖励。

费用超预算的原因有很多种。可能由于历史数据不完整、不准确，造成预算有一定的偏差；可能预算能力与准备不足，容易发生项目遗漏；可能在实际操作过程中，发生的不可预见的变化，包括突发性事件，甚至随意性决策；也可能根据实施计划调整。

所以，在预算管理进程中，预算调整与超预算处置几乎是不可避免的事情，尤其是在管理不规范、预算经验与能力不足的企业。

除了在制度、流程上建立预算调整机制、预算外申请审批流程外，以我过去的操作经验，建议设置两项特别基金：

一、董事会特别基金：主要针对高层培训、特别福利与奖励、临时性行政与业务开支等。

二、预防性基金：主要针对不可预见的事故或特别事件，如工伤、内外赔偿、客户损失等。

设立两项基金最大的目的是保障利润目标的实现。如果年度内，对基金的控管得力、经营层面没有什么异常事件，也是对利润的额外补充。

预算管控八法

最后，我想总结说一下预算管控的八种方法。

一、对照法

与历史数据、行业标准对比，在对比中发现问题与机会。

二、流程节点管控法

在预算执行时,找到重要关键点,并且将责任、利益通过考核、评价得以落实。

三、超预算申请法

根据预算不可突破法,对于超预算的情况严格执行申请、审批流程,避免随意性。

四、特别预算法

设立特别基金,以应对不可预见的情况,确保利润目标的实现。

五、考核法

经营目标、费用预算,都要纳入考核、评价,做到责权利统一。

六、单项激励法

对于重要的弹性大的费用项目,可以单独建立激励机制,奖励员工的直接贡献。

七、外包法

将目标及预算巧妙地转化,公司的目标转化为员工的目标,花公司的钱变为花自己的钱。

八、产值、积分衡量法

将员工的工作成果按实产值、虚产值进行量化管理,或者建立积分标准,量化员工对目标与预算的贡献,以便建立统一衡量标准,奖励有突出贡献的员工。

Chapter 7

K 目标计划

Chapter 7 | K 目标计划

前不久问一老板,今年的目标是什么,他说春节前去西藏游学修行20天。然后补充说,要实现这个目标,他必须做到销售与利润同比增长30%,否则无法成行。

还有一老板说,今年的目标是公司利润增长50%,员工整体收入平均增长30%。

这两个老板的目标,有几个方面需要思考:

(1) 目标到底是什么?是用激励作为目标,还是以业绩结果作为目标?

(2) 只有公司的目标足够吗?员工的目标与公司的目标是什么关系?

(3) 只有财务方面的目标是否合理呢?

(4) 有了目标,还应该做什么?

以上两位老板还算是有目标、重激励的。我发现,大多数老板与企业其实没有什么目标,因此,企业常常存在这样的异象:

(1) 拍脑袋,想当然,不用数据说话;(2) 拍桌子,强压硬施,不干走人;(3) 拍胸口,头脑发热,人有多大胆地有多大产;(4) 拍屁股,业绩结果离目标甚远,撂挑子跑路。

没有目标,企业与人生就没有方向;有了目标,又增加了压力、承担。

如何做好目标计划,让企业产生巨大的正能量,也让员工的工作状态与人生价值更加不同?

K 目标计划是什么?

什么是 K 目标计划?

K 指的是 KPI 或 KSF。

K 目标计划即是指我们要设定 KPI 或 KSF,更要通过专门计划来实现他们。

没有目标就没有行动力,没有计划就没有执行力。一切都为目标而行动,一切计划直指目标。如何带着 K 目标计划快速改善业绩?

第一步,建立 KPI 或 KSF;

第二步,将原来的计划模式进行修改,将计划与 KPI 或 KSF 进行关联;

第三步,关注没有计划的 KPI 或 KSF,这是改善的方向;

第四步,将月计划推导至周,每周进行检视、总结;

第五步,丰富行动计划,保证计划可以支持目标达成。

李嘉诚先生有一次在公司会议上问:"开车进加油站最想做什么?"众人回答道"加油!"李嘉诚略显失望,于是有人补充:"休息、喝水、上厕所。"

李嘉诚说:"开车进加油站的人,最想做的是,早一点离开,朝着目的地继续他的旅程。"他继续说道,人做事当然有具体目的,但它们必须从属于一个远大目标。

有的人目的性很强,有的人目标感很强。如何区分?

目的：是做一件事情的具体意图。

目标：是为什么做、做的结果是什么。

目的：是一种短期直接行为。

目标：是大目标分解出来的有计划、策略的行为。

简单地说，目标就是有方向、有计划、有行动，必须全力以赴达到的、重要的结果。

阿根廷有一句民谚：渔民一生都在捕鱼，却始终不知道他们追求的目标不是鱼。捕鱼可以满足我们生存的目的，但却不是生命存在的目标。

目标完全不等于想法。但在现实工作生活中，人们容易混淆两者之间的区别。

例如，我经常问"大家想不想像李嘉诚那么有钱？""我们想不想让自己的孩子考上清华北大？""你想不想住上别墅开上跑车？"之类的问题，一般多数人都会正面回答。

这些都只是想法，并不是目标。因为一旦成为目标，必须要非常具体地做到：分切目标，落实计划，迫切行动。

我有一朋友，年年都听到他说要戒烟，但一直没有戒成。直到他由于患病切掉了扁桃体，才真正把烟戒了。因为他想要活多几年。

目标是"一定要"。想法只是"想要"。

请记住这两段话，并深刻地思考目标的真实含义：

目标就是未来的现实！

目标就是超越现在的成就！

绩效核能（行动版）

K目标计划与传统工作计划有什么不同？

高效的目标管理必须做到四大要素：

（1）文化，做目标一定要团队齐心，团队协作必须要讲目标绩效、协作共赢文化。

（2）检视，员工只做公司检视的事情，必须检视到位，关注过程与细节。

（3）计划，没有行动计划，目标就是空谈和梦想，而且计划要细到周、日。

（4）激励，利益、荣誉与精神激励一个都不能少，而且要分层分段有力有度。

传统的工作计划，一般是这样产生的：

（1）根据部门、岗位的工作职责；

（2）根据本月工作情况与下月工作重点；

（3）根据公司总体工作部署；

（4）根据上司的工作指示与要求；

（5）根据自己的工作设想。

传统模式下的工作计划与K计划的差别：

（1）传统工作计划是有计划地做事情、履行职责，而K计划强调为目标、结果而做。

(2)传统工作计划一般不安排检视,而 K 计划对检视过程要求比较高,而且 K 计划的实现直接关系到目标达成、利益分配,会引起员工本人的重视。

(3)传统工作计划比较偏任务性、流程性的安排,K 计划虽然也是流程职责的一部分,但更是目标实现的重要过程。

特别说明:
K 目标计划强调以重点目标达成为导向。
T 型计划以时间为线索、以工作安排为导向。
K 目标计划是 KSF 的重要保障。因为没有行动,结果凭什么改善;没有计划周详、直指目标的行动,结果何以按预期的方向改善!

K 目标设计六步实施法之订立目标

订立目标的三种模式
(1)单目标:只有一个目标值,唯一且专一。
(2)双目标:设立基础目标与冲刺目标,前者经过努力可达成,后者要非常努力方可实现。
(3)三线目标:按基础目标、激励目标、挑战目标三条线建目标,赋予与薪酬激励匹配的激励模式。

订立目标的三线原则
主要是将目标设定运用于薪酬激励的设计。简单地说,如果员工达到基础目标,只能获得与以往同样的收入,如果低于基础目标,个人收入还会下降。如果达到激励目标(考核指标),员工的收入会有一定程度的增加。如果实现挑战目标,员工将获得更多的奖励。

但与一般提成政策不同的是,提成制度仅仅展现的是公司的利益分配方式,而目标设定可以引导员工努力达到的方向,并以目标牵引员工的焦点、激励员工更加投入。

SMART 原则

➢ Specific:明确的、具体的。

➢ Measurable:可衡量的,可评估的。

➢ Attainable/Achievable:可实现的。

➢ Realistic /Relevant:现实的(关联的)。

➢ Time－bound/ Track－able:有时限的/有检视点的。

SMART 也称为"聪明原则"或"醒目原则"。目标选定必须满足明确、具体、量化、重要、可提取、能操作运用等主要条件,如果满足不了这些条件,这项目标就缺乏考核的必要性与可操作性。

订立目标的四大方向

(1) 挑战性:既然目标是超越现在的位置与状态,首先应具备一定的挑战性。通过内外挖掘,发现一切可能性,并将可能性转化为一个个现实,就可以实现更高的目标结果。

(2) 平衡性:目标并非独立存在,在操作时经常会有多个目标组合在一起,形成一个动态平衡的系统。并且根据企业发展阶段、各个阶段的战略设定、企业遇到的实际问题等不断调整目标设置,使目标可以动态地服务于企业的战略实现。(BSC平衡记分卡原理)

(3)激励性:目标是用来激励员工与团队的。因为有了目标,员工有了努力的方向与标准。因此在设立目标时,要考虑阶梯性的分段设置,让员工一步步地实现更高的目标。如果目标过高,让员工望而生畏,员工很有可能放弃对这个目标的追求。

(4)关键性:在众多目标中,必须按重要程度、迫切程度进行分类,并选取关键的、当前追求的目标作为核心考核目标,而其他目标可以转化为分析性、参考性指标。(KPI原理)

K目标设计六步实施法之目标分解

制定了K目标,还要知晓如何对K目标进行分切与下达,否则K目标就永远只是一个夸大的想法而已。

同样的一个目标,实施的方案不同,或者制定目标的对象不同,都对其最终的达成效果有着很大的影响。为了更方便地说明这样一个道理,我们先来看看分猪肉原理:

一头成猪,如果一个外行人分割销售,可以卖得2000元,而一个专业分割员可以做到3000元的结果。因为外行把它当成一头猪,而内行在分割前就把猪看成若干个部分,并且确定每一个部分要获得怎样的销售价值。

启示：一家企业要做大，就要做实团队；一家企业要做强，就要善于分割目标、责任与利益。

目标来源于战略，支撑于战略的达成。因此必须对战略进行分解，对各项目标进行分段与分解管理。分解的方向主要包括：

（1）从未来向现在分解。

（2）从上到下进行分解。

（3）由大到小进行分解。

（4）按时间周期进行分解。（第3, 4项即是切香肠原理）

（5）由业务项目向非业务或支撑项目分解。

（6）由大利润向各级指标分解。

举例说明：

某企业的战略目标是2015年实现利润5000万元，2012年达成利润额2000万元。

分解一：2013年利润目标3000万元、2014年利润目标4000万元，2015年利润目标5000万元。

分解二：2013年，分公司A利润目标500万元，分公司B利润目标1000万元，事业部C利润目标1000万元，项目部D利润目标500万元。

分解三：分公司A的500万元利润目标分解到各个地区、产品。每个地区、产品应该贡献的利润目标是多少。

分解四：每个季度、月度的利润目标？每周、每天的销售额目标？

分解五：除了业务人员有利润目标，其他部门与利润目标的关系要明确。

分解六：利润＝收入－成本－费用。分别建立销售目标、成本目标、费用目标。同时进一步对各个目标深入分解。

分切时要从目标预算的五个维度入手进行分解，兼顾"组织、周期、产品、人、地区"，以确保大目标有实现保证、小目标落实到点到位。

K目标设计六步实施法之目标下达

一座城市有两家大型连锁药店A和B，他们针对门店的营业员采用不同的目标管理方式：

A药店：目标下达到门店，根据目标达成情况，对店长、营业员进行评价，然后根据评分来分配相关的奖励。其模式讲究团队协作、共同达成。

B药店：目标下达到门店，再细化到个人，个人目标占80%、团队业绩占20%，为了实现这个模式，公司投资百万完善信息系统，确保可以随时记录每个营业员的具体销售情况。

你认同哪一种模式？

我认为，结果是最好的说明。

五年前，A药店是全市最大的药店企业。五年后，B药店超越了A药店成为行业老大，而且销售与利润都是A药店的两倍。

这个小案例揭示了一个人性的真理：员工为自己而做的力量远远大于为团队而做。我们不要期望员工有多么好的团队精神，每个员工做好自己的目标，再给团队贡献一份合力，这是现实而有效的方向。

目标下达的过程就是有效转化的过程。

如果要让目标具有独特的力量，必须有效地对目标进行转化，建议做到以下几点：

（1）目标是员工参与定下来的。（对于员工有一些看法的目标，不是强压，而是尽量地解释说明，特别要将实现目标的过程与路径清晰描述，让员工对目标有信心。）

（2）关于达成目标的激励是员工自己选择的或者是员工需要的，并且清晰知道如何获得这些激励。（先有激励计划，才有工作计划。员工看到好的激励，才会激发行动的意愿。）

（3）员工自己立下关于达成目标的承诺，如果达不到目标，如何惩戒自己也是员工自己定的。（要建立承诺文化，帮助员工强化目标感，但要小心使用扣减工资、奖金这样粗糙的方法。）

（4）目标与承诺书面化并立字为据，甚至同时拍下照片、录像，张贴与公布。（借助团队的力量、适当利用要面子的人性让目标深入员工的内心，成为工作中的重要组要部分。）

K 目标设计六步实施法之激励驱动

我曾经应客户的邀请，到广东湛江一家大型服装连锁企业，在企业老板的陪同下走访他的门店。我问门店的一个女销售员："你这个月的目标是多少？"她说，40000元左右。我又问到底是多少，她答35000元，然后补充说每个月的目标都不同，所以记得不是很清楚。

很显然，这个女销售员并不太看重自己的目标，因为她的工资是传统底薪加提成模式，员工很关心自己真正做到多少、得到多少，却忽视了目标的存在。

珠海有一家鲍鱼酒楼，现在全国也有20多家门店。酒楼每天都设定了一个清晰的营业额目标，如果达到目标，每位员工都能得到50元奖励，在当天酒楼打烊做销售服务总结的时候，由老板或店总亲自发到每个员工手上。

因此，这家酒楼的员工，上至总经理，下到清洁保安，都非常关注每天的目标。因为目标达成，他们可以立即获得奖励。

如果能挑100斤，而你只愿意挑60斤，那么你只能维持60斤的能力。如果你尝试让自己挑110斤，逐步加码，你就会很快建立挑200斤的能力。

你本来可以有房有车有存折，现在只能租房公车月光族。人的一生就是要玩大于自己的游戏。做大自己，才能突破自己，这就是成长！

一家企业如何令员工从挑100斤的能力开始，建立可以挑200斤的能力？

首先要给员工设立挑110斤的目标，然后逐步增加这个目标。

其次，要解决一个核心问题，员工为什么要挑战110斤、200斤，他挑60斤不是很舒服吗？设立好的机制，激发员工完成公司要的目标，实现双赢（员工得到好的回报，公司达成好的成果）。

一个好的激励计划，是以员工的需求为方向的。考核是追求公司要的，激励是满足员工要的。公司需要什么就考核什么，员工需要什么就激励什么。通过满足员工不同时期、不同阶段的个人诉求、需求，获得员工的认同与能量的给付，最终实现共同的目标。

所以，企业先要定好激励计划，员工才会做到工作计划。

如何设计目标激励更有效？

（1）激励的短期化：将目标周期与激励时间短期化，每周都有直接的激励，增加临时性、即时性激励。随时准备为员工特别的表现、突出的贡献进行表扬或奖励。

（2）激励的丰富与多元化：将各种目标成果细化，细化到不同方向与阶段的成果与标准，并进行一定的组合，从过程到结果，从小目标到大目标，都有激励设计，使激励无处不在，处处发力。

（3）激励要做到创新与新鲜化：不断创新一些新的玩法，有力度够刺激，符合团队的"口味"，挑起人的欲望与需求。每年对分配系统做一次全面变革或改进、每季度推出新的激励方案，每周都在实施激励。

（4）目标与激励的清晰化：用数据与实例表述，做到清晰明了。无论是目标数据，还是激励政策、分配制度，都要站在员工的立场，用员工的思维方式与语言去表达、描述。

（5）尽量满足员工需求：员工渴望得到的，才是最有力的。在设计激励时,要考虑精神、荣誉、物质等方面,还要深入分析更具体的需要。比如,有的人喜欢旅游,有的人想要苹果手机,有的人更想得到现金等等。

当然,对于较大的奖项,从人性的心理出发,不建议给员工过多选择权,个性选择应回归统一决定。比如,达成某一目标后,给员工两个金额差不多的选择,一个是苹果手机,一个是省外游。选择苹果的,看到别人旅游的风光,觉得自己牺牲了旅游,不划算;而旅游回来的人,看到别人拿着苹果,又觉得自己啥也没得到,吃亏了。

只有企业目标与员工目标保持一致,通过利益协同才能实现发展共赢。

K目标设计六步实施法之系统检视

有一家美容院的老板分享说,在她的美容院,港澳客人提前一周就会预订时间和美容师,但国内客人最多提前一天预订,还有很多是当天突然到店。这种没有预订计划的习惯,经常让美容师得不到合理的休息,也给美容院的管理带来不小的麻烦。

从这个真实的例子中,可以发现国人的计划性不强,随意性很大,从企业管理的角度来看,也是人效低的一种表现。

有一老板说,员工们都说每天很忙,没有时间学习、开

会、做沟通。我说有两个办法测评:

(1) 让大家说说未来三天的工作时间安排(从上班到下班),如果没有明确的计划,那都是低效的"盲"。

(2) 陈述过去一周的工作成果,分析一下为什么而忙,忙出些什么。

有计划的、有结果的忙,才是有价值的。

有的企业开始意识到计划的重要性,因此下达行政命令,要求员工做月计划、周清、日清,并且将计划管理列入考核。实施一段时间后发现行不通,员工非常抵触,坚持了一段时间,就没有人管了。我分析了一下通病,大家看看全不全:

(1) 员工50%以上的时间不由自己支配。很多例如老板找谈话、临时会议、突然外出办事等例外事件发生。

(2) 计划没有变化快。写好的计划经常被随意性打破,很多事情都不确定。

(3) 老板与高层没有计划性(干扰到中基层)。这是一个非常重要的原因,老板没有计划,当然干扰到员工的工作安排。

(4) 不知道第二天到底要做什么。这是意愿性的问题,没有日清、考核,计划也没有什么价值。

(5) 连月、周计划都没做好。可以做到周清、周计划,再精细到日。

(6) 计划是交给上司的还是为自己而做的。只是一项工作流程,没有检视与明确的流程,为了做计划而做,意义当然不大。

综上所述，员工觉得做计划没有实际价值反而浪费时间。因此，我建议做 K 目标计划必须要有一张跟进检视表。

一份好的《跟进检视表》，须有四大要素：

（1）人：谁来完成（角色）。包括责任人、支持人、协助人、检视人等。根据情况设定这些角色。

（2）时间：进度管理。可以细化到旬、周、日。

（3）目标与标准：完成的结果。先将结果描述清晰，以免货不对版。

（4）结果与总结：对阶段性结果要小结或预报，对最后结果要总结。

K 目标设计六步实施法之持之以恒

有一家企业定了一个指标叫"目标准确率"，我问老板为什么定该指标？老板回答说，有三个目的：一是让员工有目标感，二是建立定目标的能力，三是让员工有经常达到目标的成就感。因此，一方面，他用这个指标检测员工拟订目标的能力；另一方面，经常修订目标，目标订高了就及时下调，目标订低了，就果断上调。

结果，这家企业从来没有达到过老板心中真正的目标。

因为，他们从来没有真正做过目标管理。经常修改的目标其本质不是目标，而是把目标当作计划来管理。

请记住：**可以不断调整计划，但不要随意改动目标。**

在实际操作中，目标当然也不是一成不变，因为目标不是摆设，不是一个符号，而是价值与成果的象征。因此，在以下特殊情况下，可以考虑目标的调整：

（1）设定目标时的主要客观条件、重要支持因素发生改变。

（2）外部不可抗力。

（3）企业不再关注这个目标的达成。

（4）用新目标取代旧目标。

有人做了一个非常有意思的测算：如果一件事情的成功率是1%，那么反复操作100次至少可以成功一次的概率是多少？正确答案居然是63%，计算方法：成功率1%，失败率即99%，反复尝试100次，失败率99%的100次方约等于37%的失败率，那么成功率即63%。

一件事若反复尝试，成功率居然可以不可思议地发生质变。

成功就是简单的事件重复做！

一人问佛：成功对于普通人来说是否很遥远？佛曰：并非如此。成功对于每个人其实都只需要两步。一步开始，一步坚持。

K目标计划实操案例

2013年11月目标、周分解与K计划（填写模板）

序号	指标名称	本月目标	K计划	第1周 目标	第1周 达成	第2周 目标	第2周 达成	第3周 目标	第3周 达成	第4周 目标	第4周 达成	第5周 目标	第5周 达成	总达成	总达成率
K1	销售额	300万元	1.本月做两场大型促销活动（11月7日、16日，责任人：张强，协助人：王天）； 2.组织一场销售技巧研讨会（全体营销人员参加，11月5日，责任人：何林）； 3.实施目标墙与积分奖励，每天晨会检视与派奖券（责任人：王天）	70	70	60	50	80	108	70	65	20	29	322万元	107.33%
				100%		83%		135%		93%		145%			

绩效核能（行动版）

(续表)

序号	指标名称	本月目标	K计划	第1周 目标	第1周 达成	第2周 目标	第2周 达成	第3周 目标	第3周 达成	第4周 目标	第4周 达成	第5周 目标	第5周 达成	总达成	总达成率
K2	拓展费用率	2%	1.即日起每天统计各项费用，建立预算与预警机制，谁超支谁负责（统计：李超，责任人：王天）；2.在传统拓展模式上创新，本月尝试电话营销，会展营销新模式，各做一次，并总结报告（责任人：何林）	70	70	60	50	80	108	70	65	20	29	322万元	107.33%
				/	/	/	/	/	/	/	/	/	/	2.03%	101.50%
K3	人创绩效	52000元	1.减少营销助理2名，文员1名（11月22日完成，责任人：王天）；2.调整工作流程，将销售统计工作交回销售员并培训（11月15日完成，责任人：李超）	45000	46000	49000	46000	52000	51000	55000	56000	57000	59000	53000元	101.92%
					102%		94%		98%		102%		104%		

(续表)

序号	指标名称	本月目标	K计划	第1周 目标	第1周 达成	第2周 目标	第2周 达成	第3周 目标	第3周 达成	第4周 目标	第4周 达成	第5周 目标	第5周 达成	总达成	总达成率
K4	客户满意度	4.5分	1.建立VIP专访机制,由优秀老员工回访(11月10日起实施,责任人:王天); 2.试行客户网上投票,由客服部收集,列入营销部考核(11月15日到位,责任人:何林)	/	/	/	/	/	/	/	/	/	/	4.3分	95.56%

绩效核能（行动版）

2013年第46周重点目标、K计划与总结（11月4日—10日）

（即11月第2周，填写模板）

本周重点项目	目标	行动计划及相关	责任人	周总结		
				达成	达成率	改善方向
销售额	60万元	1. 组织一场销售技巧研讨会，11月5日	张强	50万元	83%	（1）提升促销活动的组织与计划性；（2）目标墙检视力度不够；（3）积分奖券派发要公平、及时
		2. 做促销活动，11月7日，增加销售22万元	何林			
		3. 目标墙与积分奖励，每天	王天			
人创绩效	49000元	1. 减少营销助理1名，采用竞争上岗，11月10日落实	王天	46000元	94%	（1）与当事人及时沟通，避免不必要的摩擦；（2）工作交接需要第三方在场
		2. 建立末位淘汰机制，做好考评记录。11月8日一审	王天			
客户满意度	4.5	1. 准备客户投票，本周完成一试	何林	按进度完成		（1）设备采购影响工作进展；（2）多部门沟通要提升效率
		2. VIP机制建立，11月9日终审	王天			
拓展费用率	2%	1. 费用报告审核，超支知会及责任处罚，每周五下午16时	王天	按进度完成		（1）超支知会方式需改为邮件，以保存记录
		2. 电话营销训练，11月5日	何林			

Chapter 7 | K 目标计划

（续表）

本周重点项目	目标	行动计划及相关	责任人	周总结 达成	周总结 达成率	周总结 改善方向
员工主动流失率	3.5%	1. 资深销售员生日会，11月10日晚	张强	未实施		天气影响，改期到下周三
		2. 落实每周一谈，本周安排与新人沟通	王天	完成		效果不错
其他重点工作						
流程优化项目	提升运行效率	安排一次沟通会，完成计划表第11－21项工作，并检视	何林	完成		需提升项目执行力
上月绩效面谈	促进新人增效	本周二、三、四各面谈5人	王天、何林	完成		个别营销员重视程度不够

（说明：当周时间不足3天的，并入下一周总结，但同样要有目标及结果）

本周状态总结　　　　合计分数：38分

（即11月第2周，填写模板）

目标达成	5	激　情	4
计划合理性	4	负责任	4
挖掘可能性	4	欣赏激励	3
推动合作	4	目标成果感	5
调整创新	2	自我学习成长	3

（说明：采用5分制，满分50分）

绩效核能(行动版)

每月目标行动计划书(2012年6月)

姓名:黄丽　　部门:客户服务部　　职位:一部主管　　填写日期:2012年5月29日

目标项	K1:一部销售额	K2:个人销售额	K3:新客户参加推广会个数
目标值	基础:20万元;激励:24万元;挑战:30万元	基础:10万元;激励:12万元;挑战:15万元	基础:50家;激励:60家;挑战:80家(一部)
定义与说明	指属下4名员工的月度销售总额,以客户完款目进班学习目标达成情况为基本标准(月人均5万元)	指本人的客户完款目进班学习的销售目标达成情况	指公司组织的沙龙与学习会,新企业参加情况,以企业老板为主,若老板未到,高管参加按0.5家计
目标分解 W1 (销售周目 W2 标以1C和 W3 2C为标准) W4	≥3万元 ≥4万元 ≥10万元 ≥3万元	≥1.5万元 ≥2万元 ≥5万元 ≥1.5万元	≥5家 ≥30家 ≥10家 ≥5家
检视人与检视方式	目标墙;日清;周计划与周总结;团队相互检视	目标墙;日清;周计划与周总结;部门经理	目标墙;日清;周计划与周总结;团队相互检视;部门经理
方向、方法、策略	1.强化目标管理与团队检视; 2.关注每位员工的心态与销售能力	1.一定要做到目标计划 2.请部门经理加强对本人的检视 3.关注老客户的需求及转介绍	1.广泛收集客户名单 2.拟定团队统一打电话时间,形成良好氛围 3.团队庆功会

Chapter 7 | K目标计划

（续表）

当月行动计划（四大基本要素）	计划内容		
①做什么事：计划开始与结束 ②何时做：开始与结束 ③谁来协助人：责任人 ④小目标：预设结果	1. 本月起，每天召开晨会15分钟，做日目标管理；6月1日至30日，责任人：黄丽 2. 增加目标墙检视与承诺环节（每周一早），6月1日至30日，责任人：黄丽 3. 6月6日与6月20日各组织一场销售培训会，重点在于电话销售技巧，责任人：黄丽（请专业老师支持）	1. 联系老客户，关心老客户的状态与需求，每天3~4点为老客户时间（开课与出差除外）。责任人：黄丽 2. 至少参加两场大型协会或联谊会（上下半月各一次），目标每场活动带来3个新客户。责任人：黄丽 3. 主动打新客户电话300个，平均每天15个，每周75个。责任人：黄丽	1. 至少向走访5家以上的协会或社会团体，找到3000个以上老板名单与电话。6月1日至20日，责任人：黄丽、张三 2. 规范团队电话营销，建立新的标准与话术。6月3日至6日；责任人：李四（黄丽支持） 3. 在两次推广活动结束后的2天内各组织一次庆功会，对达成目标的给予表彰。6月10日与6月24日，责任人：黄丽
总 结			

说明：本计划书为月行动指导。月目标与计划同样切入到周，并在周进行检视、总结，在月进行跟踪提升。
其他指标：客户进班率、客户满意率（投诉）、入班支持小时数等。

绩效核能（行动版）

11月目标行动计划书（2013年11月）

姓名：亓爱东　　部门：行政　　职位：总经理助理　　填写日期：2013年11月15日

目标项	K1：全部营业额	K2：个人销售额（孙娜、王霞）	K3：新客户
目标值	基础：85万元；激励：86万元；挑战：88万元	基础：10万元；激励：12万元；挑战：15万元	基础：5家；激励：8家；挑战：10家
定义与说明	指全店员工的月度营业总额	指本人的客户完款目进班学习的销售目标达成情况	
目标分解 W1	≥28万元	≥3万元	
（销售周目 W2	≥29万元	≥3.5万元	
标以1C和 W3	≥28万元	≥3.5万元	
2C为标准）W4			
检视人与检视方式	目标墙；周计划与周总结；团队相互检视	目标墙；日清；周计划与周总结；部门经理	目标墙；日清；周计划与周总结；部门经理
方向、方法、策略	转型、扩大消费人群；（1）提高服务菜品质量；（2）降低消费标准	（1）一定要做到目标计划；（2）请部门经理加强对本人的检视；（3）关注老客户的需求及转介绍	广泛收集客户名单；

— 202 —

（续表）

当月行动计划 （四大基本要素）		
①做什么事：计划内容 ②何时做：开始与结束 ③谁来做：责任人协助人 ④小目标：预设结果	1. 本月起，每天召开晨会15分钟，做日目标管理。11月1日至30日，责任人：孙娜 2. 增加目标墙检视与承诺环节（每周一早）。11月1日至30日，责任人：孙娜、开爱东 3. 前厅、厨房加强培训。责任人：开爱东	1. 联系老客户，关心老客户的状态与需求；每天3—4点为老客户时间。责任人：孙娜、王霞 2. 主动打客户电话及发信息，问候及祝福	
总　结			

Chapter 8

积分式管理

我曾做过一个形象的比喻：基本薪酬是"米饭"，价值考核是"鱼肉"，积分式是"蔬菜"；基本薪酬只解决简单的温饱问题；要想吃好，就要做以结果为导向的价值考核，贡献大收获大；如果都只关注金钱与个人利益，就像人只吃肉食，虽然看起来强壮，但不健康。所以要有积分式绩效文化，让企业健康发展。

如果员工只是为物质、利益而做，那不是敬业，而是为实现某种交易的手段。真正的敬业是一种责任感、事业感、荣誉感和拥有感。金钱可以买到很多东西，但是买不来这些感观、感觉、感情。

管理制度为什么罚比奖多？

多数企业习惯奉行传统的处罚文化，主要表现在以下五个方面：

（1）制度建设多以标准、要求或底线为方向；

（2）偏向压力管理或负激励；

（3）因为处罚制度，形式简单容易操作；

（4）偏向授予管理者处罚权，易执行，不需要太多监管；

（5）无须增加企业资源投入。

随着劳动力市场的供求变化，缺工现象的矛盾日益突出，劳动者可选择机会增加，企业开始被动地减少惩罚，但管理问题并没有得到根本解决，只是形式上的缓和。企业管理者做减法的思维仍然根深蒂固，这些都是影响执行力的重要内因。

企业管理主要有两种机制：一是约束机制，如考勤、奖惩、入离职、劳动合同、岗位责任制等。二是牵引机制，如奖励、目标激励、薪酬分配等。很多企业在机制、制度建设时，偏重对约束机制的修订，而忽视对牵引机制的创新。

很显然，约束机制具有保障性的基础价值，而牵引机制具有创造性的高效价值。

对于中高层管理者而言，如果你的焦点或工作导向主要在约束机制，说明你的定位在低价值层次；如果只是将约束机制作为基础制度，而主要精力放在做好牵引机制，并令其高效发挥，说明你定位在高价值的层面。

约束机制多，有规范行为的作用，但框住了人的潜能，遏制了创造力，且在当前环境下，执行难度也越来越大。

用约束机制也许可以留住员工的身，但更要用好牵引机制激励员工的心。

什么是积分式管理？

积分式管理，就是对人的能力和综合表现用奖分、扣分进行量化管理，并用表格或软件记录和永久性使用，目的是全方位调动人的主动性，全面衡量员工的表现和贡献，建立积极、正面、快乐的绩效文化。

积分与评分有何不同？

（1）积分采用累积式，评分采用回顾式；

（2）积分以员工的创造为导向，评分以评估人的意志为导向；

（3）积分强调工作标准，评分强调评估标准；

（4）积分是行为发生时的即时体现，评分是定期的综合评价。

通过比对，很容易发现积分式的独特价值，它更强调员工对自己的工作结果与过程负责，更强调及时性、客观性，更好地将工作标准与行为表现进行挂钩，更有效地体现管理者的检视督促激励的能力与作用。

积分式管理有什么独特价值？

为了提升执行力，实现制度化、标准化管理，企业就会订立管理标准、工作要求，常常以扣钱、处罚的形式成为企业内控的约束机制。

这些处罚约束机制具有几个鲜明的特点：简单粗糙，易于操作；清晰明确，执行快速；做减法；针对性强，遏制员工违反的次数。

在新的经济与市场环境下，处罚文化面临更多的挑战与反效果：（1）员工在思想上不接受处罚；（2）处罚比不处罚的成本更高；（3）减法带来的是消极抵制，影响状态，不认同；（4）层级观念、权力欲望不再符合新时代价值观。企业管理者不能再依赖权力、权威、压制、控制等影响员工的思想、状态，取而代之的影响力是支持、价值、关心、认同。

因此，我认为积分式的五大理由，首当其冲就是让企业从约束、惩罚文化向奖励、正激励文化发展，其次是以长期激励留住人才，在物质激励之外，提升人的荣誉感，使人精神愉悦，为管理者适当授权、中小微企业实现精细化管理。

积分式管理有什么独特价值？

（1）用分值量化员工的表现，清晰记录与展现员工的贡献，比评分方式更客观具体；

（2）即时激励员工的每一个好的表现或不好的表现，每天、每周、每月都在自动建立员工标杆，通过排名公平排出优秀；

（3）不直接奖钱，却比钱更有意义，激发员工对荣誉的重视，挖掘人的内在需求；

（4）员工普遍认同不反感，容易导入；

（5）积分长效化，以丰盛的未来价值吸引员工长期服务；

（6）将欣赏、快乐、奖励、福利融为一体，创造属于员工的快乐文化。

有些学员或许会问，为什么要创造快乐文化？

人的本性就是追求快乐！亚里士多德曾说道："生命的本质在于追求快乐！"

我有一旧同事，在企业任职副总，深得老板信任，他的月薪有 10000 元，虽然不高，但是他很有成就感，每天工作很愉快。有一天，一竞争对手企业向他抛来橄榄枝，工资开到 20000 元。他当然动心了，编了一个理由向老板请辞。老板肯定不舍得他离开，来回谈了几次他终于说了实话。老板虽然很不舒服，但立即决定将他的工资涨到 20000 元。

此后，他发现老板对他的态度发生很大的改变，经常在办公室甚至公开场合对他颇多指责与不满，很多同事也开始对他诸多非议。本来工资翻了一倍，他应该开心的，这样一来他天天都不快乐，甚至开始影响到家庭和睦、朋友关系。

经常有人说，只要老板多给钱，快不快乐不重要的。其实我们打工赚钱，是为了什么？愉快地生活是不是比憋屈的生存更有意义？

把钱看得比快乐更重要的，多数是 60 后、70 后，而 85 后、90 后的员工对快乐、自由、个性有着强烈的追求。

在珠海一个小镇上有一家工厂，由于周边生活配套设施不健全，交通又不方便，员工流动大、年轻的员工不愿意加班等问题非常突出。后来，他们在厂里开了一家非营利性网吧，员工加班 4 小时的，就可以免费上网 1 小时。这个措施很有效，不仅流动率下降了，年轻的小伙子小姑娘排着队要加班。

阿根廷有句民谚："快乐的奶牛多产奶。"让员工愉快地工作、高效地工作，不仅有助于员工的身心健康，又能为员工带来实实在在的收入增长，同时人效、产出改善，企业自然是最大的受益方。

积分式管理的五大关键词

1. **积分**

局部或全部衡量个人贡献,用量化的方式嘉许并记录员工的优异表现;

团队 PK 与激励;

鼓励员工积极正面付出的行为,帮助员工调适自己的行为;

小物质刺激;

大福利奖励。

2. **奖券**

直接、快速、当中嘉许、欣赏;

抽奖——神秘礼物;

实惠——换领物质;

保持持续新鲜的期待感。

3. **积分**

积分永久使用,永不清零;

企业规模小的,可以使用 EXCEL 或宏成咨询提供的模版登记;

企业规模大的,可以使用专业的积分信息系统;

员工可以随时查询自己或其他人的积分。

4. 奖扣计分单

清晰记录员工奖分、扣分；

完善操作流程，作为录入依据；

多运用于个人扣分、团队奖分，包括无奖券之奖分；

可以通过信息化管理简化此程序，如内部微信、OA等。

5. 快乐大会

员工自娱性——自编自导自演；

抽奖；

总结、表彰；

团队互动、检阅；

加强员工沟通、展现自我。

如何订立积分标准？

积分式的主要分类？

分类	类型	价值	运用
A分	物质分	将原制度转换时适用	常用于扣分，与B分同时使用
B分	精神分	积分式管理的核心	

通常：

    1A=2元人民币（或5元人民币，自我设定标准）

    1A=2B

但B分不挂A分，也不直接与钱划等号！

在操作设计时，还可以区分为：

（1）固定分，包括职务分、学历分、技能分、特长分等。

（2）临时分，包括临时奖扣分、特定任务分。

订立积分标准六大基本原则

（1）以"定"为主：不需要评价，根据预设条件和标准，直接可以得到结果。其优点是客观、简单、操作性强、争议小。

（2）以"评"为辅：评价标准与程序要想办法简化，多让员工"互评"，并保证评价的真实性。

（3）优秀之事：比标准做得更好，或结果与表现名列前茅。

（4）分外之事：超出既定的工作范围或工作时间。

（5）特别之事：该项表现值得特别认可。

（6）充分考虑可操作性和操作成本：在初始设计时，不要简单认为标准越细越好、条款越多越好、管控越到位越好，必须从现实出发，考虑积分标准的可操作性及操作成本。

如何订立积分激励规则？

订立积分激励规则的三大基本原则

（1）短期激励与中长期激励相结合的原则；

（2）量入为出、福利奖励相调剂的原则；

（3）物质、精神、创意相互融合的原则。

积分激励规则的价值是什么？

没有激励计划，就没有工作计划！

Chapter 8 | 积分式管理

没有激励的考核，没有存在的意义！

积分没激励，员工不参与。

积分少激励，推动不给力。

积分大激励，企业添压力。

积分适激励，大家都齐力。

如何在企业导入积分式管理？

要学习、导入积分管理模式前，一定要对积分有正确、深入的认知：

（1）积分不直接等于钱。积分管理归属于文化驱动，首先着眼于精神、荣誉，当然也需与一定的物质、福利、奖励相关。

（2）积分可以长期积累，永不清零。可以通过信息系统进行自动计算与积累。

（3）积分是公平、透明的。员工可以查询任何人的积分及其明细，积分还要定期公示、排名。

（4）积分具有奖、扣双重性。奖分是即时的欣赏与鼓励，扣分是保障制度、标准的执行，同时也是维护企业的自动运转。

（5）积分具有综合评价性。当积分做到深入、细致、全面时，它就成为全面衡量员工工作表现、贡献、价值的工具。

（6）积分标准设计要遵从的三原则：优秀之事、分外之事、特别之事。在原则性的基础上，让各级管理者拥有一定的灵活性。

（7）积分操作对管理者要有高要求，如果管理者违规奖扣分，要双倍扣款。

（8）积分操作还要具有人性化的设计，如员工主动承认自己的错误，可以减半扣分。

（9）积分的激励设计尤其重要，包括对积分排名的激励、对积分奖券的抽奖与物质兑换，因此做好预算规划，做到适度的投入。

（10）积分奖励与福利可以逐步融合，让福利具有更好的激励价值。

积分管理的导入相比薪酬、绩效变革，要容易很多。以下是积分导入的基本步骤，供大家学习参考！

1. 成立项目组
2. 编写《积分量化手册》
3. 基础标准制定
4. 激励办法制定
5. 宣导《积分量化管理手册》与全厂各部门人员商讨并最终定稿
6. 宣导会
7. 操作流程
8. 积分绩效试行
9. 启航大会
10. 造场的完善
11. 快乐大会
12. 各部门的岗位积分制定标准（还事于民）
13. 积分总结机制（方案）
14. 制定扣分任务

积分式管理实操案例

×××广告有限公司

积分绩效管理手册

目 录

积分制管理 ·· 1
  一、A 分管理操作方式及说明 ·············· 1
  二、B 分管理操作方式及说明 ·············· 2
  三、B 分与享受待遇的管理规定 ············ 4
  四、A、B 分奖扣规定 ···························· 5
    (一)考勤奖扣分管理规定 ················· 5
    (二)加班 B 分奖励 ······························ 6
    (三)员工学历 B 分奖励 ····················· 7
    (四)职位 B 分奖励 ····························· 7
    (五)个人特长奖励标准 ····················· 7
    (六)技术奖励 ···································· 8
    (七)业务奖励 ···································· 8
    (八)各项名次奖励标准 ····················· 8
    (九)"团队精神考核"奖扣分管理规定 ······ 9
    (十)"员工建议"奖扣分管理规定 ········ 9
    (十一)"卫生检查"奖扣分管理规定 ······ 9
    (十二)"设备检查"奖扣分管理规定 ······ 9
    (十三)"司机奖"奖扣分管理规定 ········ 9

（十四）"质量检查"奖扣分管理规定 …………………… 10

（十五）"关爱弱势群体"奖分管理规定 ………………… 10

（十六）"质量标兵"奖分管理规定 ……………………… 10

（十七）"安全小组成员"奖扣分管理规定 ……………… 10

（十八）"爱心基金"加分管理规定 ……………………… 10

（十九）各类活动奖扣分管理规定 ………………………… 10

（二十）"月目标"奖扣分管理规定 ……………………… 11

（二十一）其他奖分 ………………………………………… 11

（二十二）其他扣分 ………………………………………… 11

积分补充规定 …………………………………………………… 13

积分制管理

积分制管理，是独特激励机制中的一种形式，以A、B分体现。A分为物质分，侧重于对员工的物质激励，B分为精神分，强调对员工的精神与荣誉激励；A分在当月工资奖金中体现，发放后即失去作用，B分将终身有效，B分累积至一定标准后，可享受各种不同形式的待遇，同时通过B分排名，公司可给予丰富的多元化激励。

由于公司自2011年1月1日起试行积分绩效管理模式，在标准设定、导入设计等方面都难免有所不足，需要团队支持与贡献，同时在试行中将不断自我调整与完善。因此，在积分绩效模式还没有非常完善之前，公司会经常性地做出修改和补充。但公司承诺的激励只会更加丰富和强化力度。

一、A分管理操作方式及说明

1. A分主要用来激励员工的直接劳动量付出和惩罚员工过失，分为奖分和扣分，按月汇总，与工资挂钩，直接影响员工当月工资、奖金。

2. A分的奖、扣标准均以每分1元人民币计算。当月累加计算后，当月分数清空，次月起另行计算。

3. 公司建立一套完整的A分奖励规定及标准，实行上不封顶，下不保底。

4. 日常本职工作检查以扣A分为主，各项扣分应按标准执行,一般无直接经济损失的扣分主要以2分为起步标准;有直接经济损失的扣分,参照损失金额计算扣分;需要加大管理力度的项目可实行几何倍数扣分。

5. A分与B分相互关联,A分加倍计算进入B分累计系统,即:每A分1分=B分2分。

二、B分管理操作方式及说明

1. B分作为对员工精神和荣誉激励的形式,主要用来间接表扬、奖励员工的劳动付出,引导员工参与企业文化建设、提升参与度,它不与员工工资直接挂钩。同时,积分制管理的核心内容就是指B分。

2. B分的考核范围主要有学历、职务、技术水平、专业能力、个人特长、出勤天数、加班小时、产值数量、营销业绩、个人工作量、工作热情、精神文明、思想道德、对工作的忠诚度等。

3. 员工的综合表现,全部用B分来检验,员工的B分越多,说明其对公司的贡献越大,表现越好。

4. 公司每月要对员工的B分积分汇总进行排名,排名分为累计排名和阶段排名。累计排名是指员工入职以来的累计B分总量排名;年度阶段排名是指员工从当年1月1日开始的每月B分积分数量累计排名,阶段排名还有月度排名、季度排名等。

5. 公司还将进行分层分部门排名。分层排名是指根据管理层次进行排名,当前主要区分为"管理人员"与"非管理人员"排名。分部门排名是指根据岗位的区别与工作性质进行的排名，当前主要分为"门市部""喷绘部""标识部"三个类别。

6. 累计排名主要用来反映公司成立以来，员工对公司贡献的大小。一般来说，工作时间越长分数越高，贡献越大分数越高，扣分越少分数越高。

7. 年度阶段积分排名主要用来反映该年度内员工所做的贡献大小。分数越高，贡献越大。该指标主要是考虑到后入职的员工，公司希望他们能和老员工一样有饱满的工作热情，通过自己的努力赢得同样的奖励机会。

8. 员工的B分奖励方式分为三种类型：固定式奖分方式、任务分配奖分方式、临时性奖分方式。

8.1 固定式奖分方式是指公司指定专人按照常规对员工制定固定奖分标准，并考核登记汇总的分数。如学历分、个人专长分、职务分、产值分、加班分、出勤分等，该类奖分由专人考核，并分阶段在员工大会上公布，月底汇总后直接计入B分信息系统。

8.2 任务分配式奖分方式是指公司在分配特殊任务时（一般指难度较大的任务），明确责、权、利的一种奖分方式，公司所分配的任务，员工只要能按时、保质、保量完成，达到约定的目标或期望，即可得到相应的B分奖励。

8.3 临时性奖励方式是指员工完成非常规、突发性、个性化的个别事件所给予的奖分。此类任务需依靠员工的主动性来完成，对此类事件奖分目的是激励员工多为企业着想，多做好事，它在培养和加强企业文化建设方面起着巨大的作用，同时又是员工增加个人积分的一个重要途径,只要员工表现优秀,就有可能得到额外的B分奖励。每个员工都有同等机会增加个人B分。

9. 任务分配奖分和临时性奖分一律采用总经理签发的《B分奖励通知单》(奖票),该通知单除记入本人累计分外,还有各种增值作用。例如:可参加每两个月一次快乐大会的抽奖(无奖分通知单的员工无资格参加大会抽奖活动),当个人归集奖券达到一定数量的,可换取休息机会、兑换礼品等。

10. 管理干部的工作业绩考核,以记B分为主,年终奖金分配与B分挂钩。

三、B分享受待遇的管理规定

1. 凡全体员工总累积B分达到1万分或者每增加1万分,奖现金500元。

2. 凡全体员工总累积B分达到1万分,可以得到一次是否上调一级工资的讨论资格。

3. 全体员工B分总累积积分排名第一名和年内B分排名第一名,由公司安排国外旅游,每人限一次(若两个第一名为同一个人,则只提供一次旅游),五年之内不重复安排(同一地点),够名次未能参加者(或已经参加过不再参加的),公司奖现金2000元。

4. 门市、喷绘、标识三个部门(经理除外)年内B分排名第一名,可享受国内游,因公没参加者可领取现金800元。(与上述第3项不重复安排)

5. 春节发放物资待遇，总累计B分前5名和年内B分排位前5名享受200元购物券。

6. 员工出现零B分和负分后，说明该员工不适应公司的管理体制模式，建议其主动离职。

7. 凡公司出台的各种福利待遇规定，均要与B分挂钩。

8. 公司在适当的时候，相应出台B分汽车、住房、入股等奖励方案。

四、A、B分奖扣规定

（一）考勤奖扣分管理规定

1. 出勤管理规定

公司鼓励员工服从公司安排出勤，并与奖分挂钩。

当月超勤工作的，每少休息一天奖B分20分；管理人员（组长以上）加倍计算。（加班工资另计）

每月出勤少于正常天数的，按岗位固定积分÷正常出勤天数扣B分（缺勤工资另计）。当月事假在8天以上的，超过8天的部分，经理每天加扣B分20分、主管每天加扣B分15分、组长每天加扣B分10分、普通员工每天加扣B分5分。公司放假、春节假、正常产假、婚假、丧假等，不另扣分。

2. 早会管理规定

早会最早列队加B分10分，主持（固定主持人除外）加B分10分，迟到扣B分10分，缺席扣B分20分。

3. 上班管理规定

上班迟到（5分钟以内）扣B分10分，超出5分钟以外的，多1分钟另扣A分1分、B分2分，多2分钟另扣A分2分、B分4分，以此类推。中途外出未在外出登记表上登记而找不到当事人，每次扣B分30分。全月无迟到、无超休奖B分50分。请假两小时以上不到半天者，视为请假半天。

4. 员工大会管理规定

缺会一次扣B分40分，请假扣B分20分，迟到扣B分10分；因公司事务、因病住院、因公外出，须由部门经理签名批准请假不扣分。管理层连续三次无故不参加会议，撤销其管理职位。

5. 公司日常会议管理规定

公司会议，要求员工准时参加。缺会者（除出差、休假外），每次扣B分20分；迟到早退者，每次扣B分10分；手机响、听电话每次扣B分5分。给予会议主持人20～50分B分的奖分权利。

6. 部门会议管理规定

公司要求各部门每月召开会议不少于一次，并做好会议记录，每次要请一位其他部门经理或行政部参与会议发言或旁听，并签名证明。没有召开会议的扣负责人A分10分，B分20分；无经理或行政部签字和会议记录扣A分5分，B分10分；连续两个月未召开会议，视为放弃职位，取消职位津贴，并更换负责人。

（二）加班B分奖励

员工因工作需要加班，早上提前半小时上班，每天另加B分20分，加班超过3小时每天另加B分20分，加班超过5小时每天另加B分50分；下班后又通知上班，每人另加B分20分。通知加班不到场，每次扣B分20分。

（三）员工学历B分奖励

高中、中专学历，每月另加B分20分；

大专学历，每月另加B分30分；

本科学历，每月另加B分40分；

凡本科以上学历，每月另加B分50分。

（四）职位B分奖励（我的意见：分值差距比较大，经理不要超过员工的三倍）

公司按职位级别，分别给予B分加分，经理每人每月加B分540分，主管每人每月加B分405分，组长每人每月加B分270分，普通员工每人每月加B分135分。（备注：在没有实行扣分任务前，组长以上的管理人员每月职位B分分别减少150分、100分、50分）

附：职位等级明细表

职　位	姓　名
经　理	×××3人
主　管	×××4人
组　长	×××20人
普通员工	其他普通员工60人

（五）个人特长奖励标准

有唱歌、跳舞等兴趣爱好，平时工作中能带动员工氛围（如：早会等），每次奖B分20～30分。

能组织员工进行有益的活动,如登山、唱歌、打球等活动,对组织者奖B分50分,服务、支持人员奖B分20分。

(六)技术奖励

公司根据员工个人专业技术水平,通过考核每月给予一定的固定加分,员工的技术B分与职位B分不重复计算,公司鼓励员工成为复合型人才,员工可根据公司需要及自身能力,选择技术项目,在完成本职工作可到其他岗位学习,掌握技术后,公司安排统一考核,一次性奖励B分50~200分。

(七)业务奖励

非业务人员凡介绍业务给公司的奖B分,B分按金额的3%计算(提成在每月工资中体现)。

(八)各项名次奖励标准

1. 业务人员销售名次奖

按月汇总,销售额第一名奖A分100分,B分200分;销售额第一名不足10万元,只奖B分,不奖A分。

2. 全员(非业务人员)销售名次奖

按月汇总,销售额第一名奖A分100分、B分200分;第二名奖A分50分、B分100分;第三名奖A分30分、B分60分;销售额前三名不足5000元,只奖B分,不奖A分。(此销售额是指非业务人员从外面拉单回来的业务,不包括上门客户及网上在线客户)

3. 业务员及收款人员收款奖励管理规定

按月汇总,凡每月收款金额在应收款总额的80%以上,奖 B 分 100 分；若每月收款金额在应收款总额的 95% 以上，奖 A 分 100 分、B 分 200 分。

(九)"团队精神考核"奖扣分管理规定

每月员工之间相互不记名评议一次，结果在 90 分以上者，奖 B 分 30 分，60 分以下者扣 B 分 10 分。

(十)"员工建议"奖扣分管理规定

员工对公司或岗位提供合理书面建议在员工意见箱里，奖 B 分 5 分，被采纳的奖 B 分 20 分，有特别价值的另行奖励。

(十一)"卫生检查"奖扣分管理规定

凡卫生检查，责任区的清洁卫生，每次合格的部门当月每人奖励 B 分 20 分，不合格的每人每次扣 B 分 5 分。纠正后不改，长期不认真负责责任区的清洁卫生，加倍扣分，最高可每人扣 B 分 100 分。（由行政部每月不定时抽检）

(十二)"设备检查"奖扣分管理规定

设备责任人对所负责的设备每周检查一次，凡保养认真，干净整洁，经上级检视符合要求奖 B 分 10 分，凡不符合要求的，扣责任人 B 分 5 分。

(十三)"司机奖"奖扣分管理规定

专职司机 3 个月内无事故、无违章，奖 A 分 100 分、B 分 200 分。司机驾驶公司车辆造成损失 300 元以上，每 2 元扣 A 分 1 分（即个人承担 50% 损失），并扣等值 B 分；300 元以内扣等值 B 分。如出现违章，自行承担 50% 罚款，并扣等值 B 分。

Chapter 8 | 积分式管理

（十四）"质量检查"奖扣分管理规定

公司鼓励员工人人参与质量检查，凡主动发现公司质量问题的员工，公司给予B分10～100分的奖励，给公司减少损失的，酌情给予A分奖励。

（十五）"关爱弱势群体"奖分管理规定

关心弱势群体的工作、学习、生活，凡主动报名参加"心连心"等爱心活动的，每次奖B分30分。

（十六）"质量标兵"奖分管理规定

凡评上质量标兵的员工，每月评选一次，奖B分50分。

（十七）"安全小组成员"奖扣分管理规定

公司安全小组成员要认真履行职责，每月固定加B分20分，如出现安全事故相关人员扣B分50分。

（十八）"爱心基金"加分管理规定

公司爱心基金要安排专人管理，定期公布收支账目，认真履行收款职责。基金负责人每月每人固定加B分20分，若工作没到位，如爱心款未收齐、账目不清等，每人每月扣B分20分，不按时上交成员扣B分10分。

（十九）各类活动奖扣分管理规定

"员工快乐大会"：在快乐大会中组织人员奖B分50分，流程及预算安排奖B分50分，主持稿编写奖B分50分，上台主持奖B分50分，表演者每人每次奖B分50分。准时参加的每人每次奖B分10分。

其他活动酌情加分。

(二十)"月目标"奖扣分管理规定

部门经理完成目标100%～109%每人奖B分100分,完成目标110%～119%每人奖B分150分,完成目标120%以上的每人奖B分200分;未完成目标者按百分比扣B分,完成目标95%～99%者扣B分50分,完成目标90%～94%者扣B分100分,完成目标80%～89%者扣B分150分,完成目标79%以下的扣B分200分。

(二十一)其他奖分

1. 员工揭发他人对公司不诚信行为,奖A分100～500分、B分200～1000分;

2. 员工揭发私自将公司材料带回或送人,奖A分50～200分、B分100～400分;

3. 员工揭发多报虚领行为,奖A分50～200分、B分100～400分;

4. 员工拾金不昧,每次奖B分20～50分;

5. 员工发扬雷锋精神,做好人好事,每次奖B分20～50分;

6. 员工受到客户表扬一次,奖B分20分;

7. 员工自觉参加公司培训学习,每次奖B分10分。

(二十二)其他扣分

1. 员工上班做私单或外面私自飞单,每次扣A分1000分、B分2000分;

2. 发生打架、斗殴行为,扣当事人A分100分、B分200分;

3. 员工上班玩游戏，每次扣A分50分、B分100分；

4. 员工用公司电话打私人电话，每次扣A分2分、B分4分；

5. 员工在公司骂人（粗口），每次扣B分500分；

6. 员工被客户投诉，每次扣B分50分；

7. 员工在指定区域外吸烟（如走廊、车间、工作区域、门市门口等），每次扣B分50分；

8. 员工下班未关电脑、抽风机、空调等设备，每次扣B分20分；

9. 员工开空调未关窗户，部门每次每人扣B分20分；

10. 车间的工作台等设备，未按要求摆正，每次扣责任人B分10分；

11. 员工下班未随手关灯，每次扣B分10分；

12. 员工在早会后吃早餐，每次扣B分10分。

以上积分量化管理手册在2011年11月1日至12月31日试运行，试运行期间有建议被采纳者，每项奖B分10分。

积分补充规定

1	参加会议、培训（早会、班前会除外），出席奖B分10分
2	员工无故离岗、旷工，每天按个人3倍工资扣款，离岗、旷工达7日以上的，视为自动离职，取消所有工资待遇
3	当职位欠缺时，介绍新员工过来被录取满一个月的奖B分50分，新员工满试用期被录取的奖B分100分
4	新员工指导员，带领熟手的第一个月奖B分50分，带领生手的第一个月奖B分100分。（一个月内新员工能独立操作、适应环境）
门市部	
考勤补充说明	
1	一个月内三次以上没打卡并且没写说明条，或者写了说明条却无特殊工作事项原因，只是忘记打卡的，当月无全勤奖，并且三次以上每次扣B分10分
一、业务部	
（一）业务经理	
1	团队周目标完成的，奖B分20分
2	团队月目标在当月25日前完成的，奖B分50分
3	个人目标在当月25日前完成的，奖B分50分
4	每月完成个人目标，奖B分50分
5	部门经理完成目标100%～109%每人奖B分100分，完成目标110%～119%每人奖B分150分，完成目标120%以上的每人奖B分200分；未完成目标者按百分比扣B分，完成目标95%～99%者扣B分50分，完成目标90%～94%者扣B分100分，完成目标80%～89%者扣B分150分，完成目标79%以下者扣B分200分

(续表)

6	协助业务员成功接单,每次奖B分20分	
7	协助业务员收到款项,每次奖B分20分	
8	部门收款率达到70%,奖B分100分	
9	组织部门会议或培训、参加其他部门会议,每次奖B分20分	
（二）业务、营销员		
1	个人周目标完成的,奖B分20分	
2	个人业绩销售目标:完成目标100%～109%每人奖B分50分,完成目标110%～119%每人奖B分100分,完成目标120%以上的每人奖B分150分;完成目标80%～89%者扣B分50分,完成目标79%以下者扣B分100分	
3	个人目标在当月25日前完成的,奖B分50分	
4	月累计客户订单数量最多的,奖B分50分	
5	订单收款率达到70%,奖B分50分	
6	节约公司成本（除个人跟踪订单）,每次奖B分10～100分	
7	前台发Q同事休息、代班,半天奖B分5分,一天奖B分10分	
8	帮助其他同事收回不属于自己业务范围的货款,每次奖B分10分	
9	帮助休息的其他同事跟单,每次奖B分20分。（若其他同事休息超过一天,整张单全程跟单,包括接单、盯单、收款,此订单只计提成不奖分）	
10	加班以B分体现,加班1小时以上,每小时奖B分10分,以此类推（必须上交审批后的加班条）	
11	在清洁阿姨休息时,主动清洁卫生,每次奖B分5分	
12	支持做手工,每次奖B分5～10分	
二、设计部		
（一）介字员		
1	月业绩达到1万以上的,奖B分50分	

绩效核能（行动版）

(续表)

2	加班介字和写字板，每次奖 B 分 5~20 分
3	公司业务有实收金额，无开出实产值单的，每次奖 B 分 5~20 分
4	公司业务、工厂业务、免费业务无开出虚产值单的，每次奖 B 分 5~20 分
5	只做了效果图（横额排版除外），未下订单的，每次奖 B 分 10~50 分
6	仓管员休息，代班，半天奖 B 分 5 分，一天奖 B 分 10 分
7	帮助业务员接待、跟单，每次奖 B 分 10 分
8	帮助休息的其他设计同事跟单，每次奖 B 分 5~10 分
9	在清洁阿姨休息时，主动清洁卫生，每次奖 B 分 5 分
10	支持做手工，每次奖 B 分 5~10 分
(二) 设计员	
1	月累计客户订单数量最多的，奖 B 分 50 分
2	按月汇总，业绩第一名奖 A 分 100 分、B 分 200 分；业绩第一名不足 10 万元，只奖 B 分，不奖 A 分。其他人员业绩在 10 万元以上的，每人奖 B 分 50 分
3	公司业务、工厂业务、免费业务无开出虚产值单的，每次奖 B 分 5~20 分
4	帮助业务员接待、跟单，每次奖 B 分 10 分
5	帮助休息的其他设计同事跟单，每次奖 B 分 5~10 分
6	帮助其他同事打印（10 份以上）、扫描（5 份以上），每次奖 B 分 5 分
7	只做了效果图（横额排版除外），未下订单的，每次奖 B 分 10~50 分
8	中午加班设计，每次奖 B 分 10 分

(续表)

9	介员休息，代班，每次奖 B 分 10 分
10	在清洁阿姨休息时，主动清洁卫生，每次奖 B 分 5 分
11	支持做手工，每次奖 B 分 5~10 分
	三、工程部
	（一）工程经理
1	团队周业绩 32000 元以上的，奖 B 分 20 分
2	团队月业绩 13 万元以上的，奖 B 分 100 分，15 万元以上的，奖 B 分 200 分
3	协助业务员收到款项，每次奖 B 分 20 分
4	协助业务员成功接单，每次奖 B 分 20 分
5	个人销售业绩每月完成 5 万元以上的，奖 B 分 50 分，10 万元以上的，奖 B 分 100 分
6	部门经理完成目标 100%~109% 每人奖 B 分 100 分，完成目标 110%~119% 每人奖 B 分 150 分，完成目标 120% 以上的每人奖 B 分 200 分；未完成目标者按百分比扣 B 分，完成目标 95%~99% 者扣 B 分 50 分，完成目标 90%~94% 者扣 B 分 100 分，完成目标 80%~89% 者扣 B 分 150 分，完成目标 79% 以下者扣 B 分 200 分
7	订单收款率达到 70%，奖 B 分 50 分
8	一个月内无安全事故、无违章，奖 B 分 100 分
9	组织部门会议或培训、参加其他部门会议，每次奖 B 分 20 分
	（二）工程人员
1	帮助其他部门同事收回不属于自己业务范围的货款，对收款人每次奖 B 分 10 分
2	帮助其他部门同事送货、取货（与当次安装订单不同客户），对负责送货、取货交接人每次奖 B 分 10 分

绩效核能（行动版）

(续表)

3	免费安装：单上没有的安装项目，对负责安装者每次奖 B 分 10 分
4	介字人员无撕字，工程人员到现场才撕字，对负责撕字人每次奖 B 分 5 分
5	休息时间安装（没写加班条的），每次奖 B 分 10 分
6	工作期间，遇到急需到另一个地方量尺寸的，对量尺寸人每次奖 B 分 10 分
7	工程人员协助外发工程人员送货、安装，对负责协助人每次奖 B 分 10 分
8	不属于公司业务的、保修期内维修，市区内每次奖 B 分 10 分，市区外每次奖 B 分 20 分
9	公司业务、工厂业务、免费业务无开出虚产值单的，每人每次奖 B 分 10 分
10	整月没有安全事故，每人每月奖 B 分 50 分
11	协助其他同事完成工作，每次奖 B 分 5~10 分
12	主管每星期一早上将部门统计表上交给经理，每周奖 B 分 10 分
13	主管组织部门会议或培训、参加其他部门会议，每次奖 B 分 20 分
14	货运车、摩托车当月无维修，无违章，无事故，奖 B 分 50 分，连续两个月无维修，无违章，无事故，奖 A 分 50 分、B 分 100 分
	四、财务部
	（一）财务主管
1	会计报表在每月 10 日之前上交奖 B 分 50 分，15 日后上交扣 B 分 25 分
2	对每一项中石化催款成功收款奖 B 分 50 分
3	每成功催收一笔业务欠款奖 B 分 20 分

(续表)

4	协助业务员或与业务员共同成功收回业务款项奖 B 分 20 分
5	三个部门每月应收款能达到 70%，奖 B 分 100 分
6	对外所有政府要交款的能及时无差错交纳的，每月奖 B 分 50 分，严重后果的扣 B 分 100 分
7	对每项公司可降低成本节约开支的有效建议奖 B 分 20 分
8	组织部门会议或培训、参加其他部门会议，每次奖 B 分 20 分
(二) 会计助理	
1	每月协助编制会计凭证、发票开具及领购的办理业务，进项发票的认证，税款的申报及每月协助完成报表。（每月 10 日前完成奖 B 分 20 分，10 日后扣 B 分 10 分）
2	每月盘点金浩库存情况及计算成本。（每月 3 日前完成奖 B 分 20 分，5 日后完成扣 B 分 10 分）
3	每月定期核对供应商、加工单位的应付明细账，及时反映成本明细，使核算人员能及时准确地核算成本。（每月 5 日前完成奖 B 分 10 分，6 日后扣 B 分 10 分）
4	每月核对计算工厂及公司应收账款明细，编制明细表。（每月 5 日前完成奖 B 分 10 分，7 日后扣 B 分 10 分）
5	负责公司每月对外银行业务，每月银行对账单 3 日前取回来奖 B 分 5 分，3 日后取回来扣 B 分 5 分。（节假日除外）
6	每月 25 日前完成凭证粘贴归档奖 B 分 10 分，25 日后扣 B 分 10 分
7	每月 6 日前完成应收款报表，奖 B 分 20 分
8	以上无差错奖 B 分 20 分，如果有差错，3 项以上每项扣 B 分 5 分
9	每成功催收一笔业务欠款奖 B 分 20 分
10	协助业务员或与业务员共同成功收回业务款项奖 B 分 20 分
11	打单员休息，代班，半天奖 B 分 5 分，一天奖 B 分 10 分

(续表)

12	在清洁阿姨休息时,主动清洁卫生,每次奖B分5分
13	支持做手工,每次奖B分5~10分
（三）打单员	
1	月初核对上交送货单。（每月3日前完成奖B分10分,3日后扣B分10分）
2	定期核对编制及计算设计人员、安装人员业务绩效清单。（每月5日前完成奖B分20分,8日后扣B分10分）
3	准确明细地计算公司业务员、营销人员业务成本及产值收入工作和编制绩效分配单。（每月8日前完成奖B分20分,10日后扣B分10分）
4	定期做好考勤明细表,检查打卡表与考勤表的对应明细。（每月10日前上交奖B分10分,10日后上交扣B分5分）
5	以上无差错奖B分20分,如果有差错,3项以上每项扣B分5分
6	每成功催收一笔业务欠款奖B分20分
7	协助业务员或与业务员共同成功收回业务款项奖B分20分
8	每天播放公司大厅音乐,每月奖B分50分
9	在清洁阿姨休息时,主动清洁卫生,每次奖B分5分
10	支持做手工,每次奖B分5~10分
五、行政部	
（一）行政主管	
1	考勤汇总表在5日前上交,奖B分20分,5日后上交,扣B分10分
2	积分统计表在10日前张贴,奖B分30分,10日后上交,扣B分15分
3	跟进除本职工作以外的文书操作,如设计文稿对稿、英文翻译、中国石化、招标文件等,每项奖B分5~100分

(续表)

4	节约公司成本（除个人跟踪订单），每次奖B分10~100分
5	电脑维护工作，每次奖B分5~20分
6	协助解决软件问题，每次奖B分5~20分
7	前台收发员、打单员代班，半天奖B分5分，一天奖B分10分
8	加班以B分体现，加班1小时以上，每小时奖B分10分，以此类推（必须上交审批后的加班条）
9	组织部门会议或培训、参加其他部门会议，每次奖B分20分
10	参加公司外出会议、活动，每次奖B分20分
11	在清洁阿姨休息时，主动清洁卫生，每次奖B分5分
12	支持做手工，每次奖B分5~10分
13	办公室当月无维修更换配件，奖B分30分
（二）QQ收发员	
1	加班发文件，每次奖B分5~20分
2	丰富QQ空间，及时上传公司最新资料，创新QQ形象，每周奖B分5分
3	QQ发单，一周0差错，奖B分10分；如有差错造成损失的，每单扣B分10分
4	顾客进店，主动起身微笑服务，及时招待，表现突出，每周奖B分5分
5	QQ接单每月产值达到10000元以上，奖B分50分，超额部分每5000元奖B分50分
6	传真及时送至各部门人员手中，传真机正常运用，及时更换炭粉，无投诉，每周奖B分5分
7	在清洁阿姨休息时，主动清洁卫生，每次奖B分5分
8	支持做手工，每次奖B分5~10分

绩效核能（行动版）

(续表)

	(四) 客服员
1	收发员休息，代班，半天奖B分5分，一天奖B分10分
2	听电话都能按公司标准与流程做到，未发现有非标准行为及投诉，每周奖B分5分
3	协助积分录入，及时准确，无错漏，每月奖B分30分
4	顾客进店，主动起身微笑服务，及时招待，顾客离店，主动送顾客出门，表现突出，每周奖B分10分
5	早会结束后与中午休息后，检查大厅灯光，电视正常打开，全月必须无异常（如休息应做好安排），每周奖B分5分
6	协助及时平息顾客情绪问题，每次奖B分10分
7	在清洁阿姨休息时，主动清洁卫生，每次奖B分5分
8	支持做手工，每次奖B分5～10分
	(五) 清洁阿姨
1	每天打扫公司整体卫生，干净、整洁，无投诉，抽检满意，每周奖B分10分
2	在清洁阿姨休息时，主动清洁卫生，每次奖B分5分
3	支持做手工，每次奖B分5～10分
	(六) 仓管员
1	工程部在材料行工作时帮忙拿工具、贴画、清理，每次奖B分5～10分
2	客户在没有业务员或前台客服带领的情况下到材料行取货时，帮忙找出货物并搬运，每次奖B分5～10分
3	在仓管员休息时，代班工作，每次奖B分20分
4	支持做手工，每次奖B分5～10分

(续表)

	标识部
	公共部分
1	上班期间做与工作无关的事情（利用公司电脑上网，看小说、报纸、杂志，玩弄手机等）。发现一次扣A分2分、B分4分；发现两次扣A分4分、B分8分。（逐次按倍数递增）
2	乱扔烟头，每次扣A分5分、B分10分；举报者奖B分10分
3	下班时间后坚持完成遗留工作的，超过30分钟以上，每人每次奖B分5～20分
4	上下班未打卡，出现一次无全勤奖，并且每次未打卡扣B分50分
	一、办公室
	（一）组长
1	一星期内办公台面整洁卫生，奖B分10分
2	一星期内打包时数量、发货地点、客户电话号码、客户名称等填写错误或不清楚，扣B分10分
3	一星期内无客人（包括后工序同事）投诉服务态度问题，奖B分10分
4	每月部门应收款能达到70%，奖B分50分
5	每月5日前上交业绩报表，奖B分20分
6	每月10日前上交工资报表，奖B分20分
7	协助其他人员工作，每次奖B分5～20分
	（二）跟单员
1	一星期内办公台面整洁卫生，奖B分10分
2	一星期内无下错生产单，奖B分10分
3	一星期内打包时数量、发货地点、客户电话号码、客户名称等填写错误或不清楚，扣B分10分

绩效核能（行动版）

(续表)

4	一星期内无客人（包括后工序同事）投诉服务态度问题，奖B分10分
5	每月5日前归档整理好上个月成功下单订单及文件，奖B分20分
6	丰富QQ空间，及时上传公司最新资料，创新QQ形象，每周奖B分5分
7	协助其他人员工作，每次奖B分5~20分
（三）仓管员	
1	一星期内办公台面整洁卫生，奖B分10分
2	一星期内打包时数量、发货地点、客户电话号码、客户名称等填写错误或不清楚，扣B分10分
3	一星期内进出仓明细清晰登记，奖B分10分
4	一星期内无客人（包括后工序同事）投诉服务态度问题，奖B分10分
5	每月5日前上交考勤统计表，奖B分20分
6	每月5日前上交仓库报表，奖B分20分
7	协助其他人员工作，每次奖B分5~20分
二、经理	
1	团队周目标完成奖B分20分
2	团队月目标在当月25日前完成奖B分50分
3	部门经理完成目标100%~109%每人奖B分100分，完成目标110%~119%每人奖B分150分，完成目标120%以上的每人奖B分200分；未完成目标者按百分比扣B分，完成目标95%~99%者扣B分50分，完成目标90%~94%者扣B分100分，完成目标80%~89%者扣B分150分，完成目标79%以下者扣B分200分
4	部门收款率达到70%，奖B分100分
5	每增加一位成交新客户（不包括上门客户或公司介绍的客户）奖B分20分，第一单产值达到3000元以上，奖B分50分

(续表)

6	进材料能降低成本的，每批次奖 B 分 10～50 分	
7	全月无门诊以上程度的安全事故，奖 B 分 50 分	
8	同比上个月毛利率上升的，奖 B 分 50 分	
9	组织部门会议或培训、参加其他部门会议，每次奖 B 分 20 分	
三、主管		
1	一星期内安全生产，无安全事故，奖 B 分 20 分	
2	一星期内如期完成单项出货期，奖 B 分 20 分	
3	一星期内打包无漏点少笔、油漆未干打包压出列纹，奖 B 分 20 分	
4	一星期内无客人（包括后工序同事）投诉质量问题，奖 B 分 20 分	
5	一星期内人员工作安排合理，无组长投诉人手不足，安排人员不合理，奖 B 分 20 分	
6	一星期内无返工、无质量事故、无投诉、无安全事故，每星期奖 A 分 30 分，B 分 60 分	
7	组织部门会议或培训、参加其他部门会议，每次奖 B 分 20 分	
四、金属工艺组		
（一）组长		
1	一星期内焊字质量好：无出现焊反字、漏焊爆边、图文形变形、边高材料用错，组长奖 B 分 15 分	
2	一星期内喷漆质量好：无出现油漆脱落、无灰尘麻点、对色差别在 90%，组长奖 B 分 15 分	
3	一星期内包装：打包无漏点少笔、油漆未干打包压出列纹，组长奖 B 分 15 分	
4	一星期内金属工艺部分质量：无客人（包括后工序同事）投诉质量问题，组长奖 B 分 15 分	
5	一星期内安全生产：无安全事故，组长奖 B 分 15 分	

绩效核能（行动版）

(续表)

6	一星期内油漆房保持卫生清洁、更换池水一次，组长奖B分10分
7	一星期内无返工、无质量事故、无投诉、无安全事故，每星期组长奖A分20分、B分40分
8	协助其他人员工作，每次奖B分5~20分
（二）组员	
1	一星期内焊字质量好：无出现焊反字、漏焊爆边、图文形变形、边高材料用错，组员奖B分10分
2	一星期内喷漆质量好：无出现油漆脱落、无灰尘麻点、对色差别在90%，组员奖B分10分
3	一星期内包装：打包无漏点少笔、油漆未干打包压出列纹，组员奖B分10分
4	一星期内金属工艺部分质量：无客人（包括后工序同事）投诉质量问题，组员奖B分10分
5	一星期内安全生产：无安全事故，组员奖B分10分
6	一星期内油漆房保持卫生清洁、更换池水一次，组员奖B分10分
7	一星期内无返工、无质量事故、无投诉、无安全事故，每星期组员每人奖A分15分、B分30分
8	协助其他人员工作，每次奖B分5~20分
五、机械组	
（一）组长	
1	一星期内机械操作：雕刻机、等离子、开槽机无切割错漏，组长奖B分15分
2	当月机械保养：雕刻机、等离子、开槽机无机械故障，组长奖B分15分
3	一星期内包装：水晶字打包无漏点少笔、面板贴反，组长奖B分15分

(续表)

4	一星期内机械加工工艺部分质量：无客人（包括后工序同事）投诉质量问题，组长奖B分15分
5	一星期内安全生产：无安全事故，组长奖B分15分
6	一星期内无返工、无质量事故、无投诉、无安全事故，每星期组长奖A分20分、B分40分
7	协助其他人员工作，每次奖B分5~20分
（二）组员	
1	一星期内机械操作：雕刻机、等离子、开槽机无切割错漏，组员奖B分10分
2	当月机械保养：雕刻机、等离子、开槽机无机械故障，组员奖B分10分
3	一星期内包装：水晶字打包无漏点少笔、面板贴反，组员奖B分10分
4	一星期内机械加工工艺部分质量：无客人（包括后工序同事）投诉质量问题，组员奖B分10分
5	一星期内安全生产：无安全事故，组员奖B分10分
6	一星期内无返工、无质量事故、无投诉、无安全事故，每星期组员每人奖A分15分、B分30分
7	协助其他人员工作，每次奖B分5~20分
六、装配组	
（一）组长	
1	一星期内吸塑操作：吸塑无错漏、报废，组长奖B分15分
2	一星期内装配：装配过程无打碎面板、漏灯光、划画字壳及面板；抽检排灯距无过疏或过密现象（正常为30~40mm）（加密型为20~25mm）（特别说明列外），组长奖B分15分
3	一星期内显示屏：铝型材裁切无长短（允许公差±10mm），组长奖B分15分

绩效核能（行动版）

（续表）

4	一星期内包装：打包无漏点少笔、电源漏配（包括配电源图纸），组长奖 B 分 15 分
5	一星期内装配工艺部分质量：无客人（包括后工序同事）投诉质量问题，组长奖 B 分 15 分
6	一星期内安全生产：无安全事故，组长奖 B 分 15 分
7	一星期内无返工、无质量事故、无投诉、无安全事故，每星期组长奖 A 分 20 分、B 分 40 分
8	协助其他人员工作，每次奖 B 分 5~20 分
（二）组员	
1	一星期内吸塑操作：吸塑无错漏、报废，组员奖 B 分 10 分
2	一星期内装配：装配过程无打碎面板、漏灯光、划画字壳及面板；抽检排灯距无过疏或过密现象（正常为 30~40mm）（加密型为 20~25mm）（特别说明列外），组员奖 B 分 10 分
3	一星期内显示屏：铝型材裁切无长短（允许公差±10mm），组员奖 B 分 10 分
4	一星期内包装：打包无漏点少笔、电源漏配（包括配电源图纸），组员奖 B 分 10 分
5	一星期内装配工艺部分质量：无客人（包括后工序同事）投诉质量问题，组员奖 B 分 10 分
6	一星期内安全生产：无安全事故，组员奖 B 分 10 分
7	一星期内无返工、无质量事故、无投诉、无安全事故，每星期组员每人奖 A 分 15 分、B 分 30 分
8	协助其他人员工作，每次奖 B 分 5~20 分
喷绘部	
公共部分	
1	上班期间做与工作无关的事情（利用公司电脑上网，看小说、报纸、杂志，玩弄手机等）。发现一次扣 A 分 2 分、B 分 4 分；发现两次扣 A 分 4 分、B 分 8 分。（逐次按倍数递增）

(续表)

2	乱扔烟头,每次扣A分5分、B分10分;举报者奖B分10分
3	交班不清楚,影响到生产进度,每次扣B分50分
4	下班时间后坚持完成遗留工作的,超过30分钟以上,每人每次奖B分5~20分
5	一个月内三次以上没打卡并且没写说明条,或者写了说明条却无特殊工作事项原因,只是忘记打卡的,当月无全勤奖,并且三次以上每次扣B分10分
一、经理	
1	团队周目标完成奖B分20分
2	团队月目标在当月25日前完成奖B分50分
3	部门经理完成目标100%~109%每人奖B分100分,完成目标110%~119%每人奖B分150分,完成目标120%以上的每人奖B分200分;未完成目标者按百分比扣B分,完成目标95%~99%者扣B分50分,完成目标90%~94%者扣B分100分,完成目标80%~89%者扣B分150分,完成目标79%以下者扣B分200分
4	部门收款率达到70%,奖B分100分
5	每增加一位成交新客户(不包括上门客户或公司介绍的客户)奖B分20分,第一单产值达到500元以上,奖B分50分
6	进材料能降低成本的,每批次奖B分10~50分
7	喷绘部整月没有安全事故,奖B分50分
8	同比上个月毛利率上升的,奖B分50分
9	一星期内按时按质按量完成生产任务,无返工、无质量事故、无安全事故、无客户投诉,奖B分20分
10	按时上交部门工资表,10日前奖B分20分,10日后扣B分10分
11	组织部门会议或培训、参加其他部门会议,每次奖B分20分

(续表)

	二、生产主管
1	一星期内按时按质按量完成生产任务,无返工、无质量事故、无安全事故、无客户投诉,奖B分20分
2	协助经理做好材料盘点及吊材料工作,每次奖B分20分
3	组织部门会议或培训、参加其他部门会议,每次奖B分20分
4	组织车间人员每周日大扫除,每次奖B分20分
5	利用休息时间,协助其他部门工作的,每次奖B分5~20分
6	通宵上班至第二天早上,每次奖B分20分
7	第一时间安排人员完成返工产品,每次奖B分5~20分
8	协助工厂完成材料搬动工作,每次奖励B分5分~20分
9	安排人员按时按质按量完成加急的产品,每次奖B分5~20分
10	设备保养,当月无维修更换配件,奖B分30分
11	户外机、户外写真机一年无维修,更换配件,主管奖A分150分、B分300分
	三、办公室
	(一)组长
1	一星期内无安全事故,无质量事故,奖B分15分
2	一星期内送货及时,无客户投诉,奖B分15分
3	一星期内下单无出错,无客户投诉,奖B分15分
4	组织部门会议或培训、参加其他部门会议,每次奖B分20分
5	组织车间人员每周日大扫除,每次奖B分15分
6	利用休息时间,协助其他部门工作的,每次奖B分5~20分
7	协助工厂完成材料搬动工作,每次奖励B分5~20分
8	每月5日10点钟前上交已分摊好的送货单、生产、材料报表、客户业务比较报表及就餐人员统计表给财务,奖B分20分

(续表)

9	每月3日上交部门积分统计表和重喷单报表,奖B分20分
10	协助工厂做后期工作,每次奖B分5~20分
11	设备保养,当月无维修更换配件,奖B分30分
\multicolumn{2}{c}{(二)接单员}
1	一星期内无安全事故,无质量事故,奖B分10分
2	一星期内送货及时,无客户投诉,奖B分10分
3	一星期内下单无出错,无客户投诉,奖B分10分
4	每周日大扫除,每人每次奖B分10分
5	利用休息时间,协助其他部门工作的,每次奖B分5~20分
6	协助工厂完成材料搬动工作,每次奖励B分5分~20分
7	每月3日前上交已分摊好的送货单、生产单组长,每人奖B分20分
8	协助工厂做后期工作,每次奖B分5~20分
9	晚班1点钟前QQ隐身或下线,每次扣A分5分、B分10分
\multicolumn{2}{c}{(三)送货员}
1	一星期内无安全事故,无质量事故,奖B分10分
2	一星期内送货及时,无客户投诉,奖B分10分
3	每周日大扫除,每人每次奖B分10分
4	利用休息时间,协助其他部门工作的,每次奖B分5~20分
5	协助工厂完成材料搬动工作,每次奖励B分5分~20分
6	协助工厂做后期工作,每次奖B分5~20分
7	货运车、摩托车当月无维修,无违章、无事故,奖B分50分;连续两个月无维修,无违章、无事故,奖A分50分、B分100分

(续表)

	（四）煮饭阿姨
1	每周日大扫除，每人每次奖B分10分
2	利用休息时间，协助其他部门工作的，每次奖B分5～20分
3	协助工厂完成材料搬动工作，每次奖励B分5分～20分
4	协助工厂做后期工作，每次奖B分5～20分
5	所煮的饭菜受到员工的表扬，每人每次奖B分10分
	四、户外、写真组
	（一）组长
1	一星期内安全生产，无安全事故，组长奖B分15分
2	一星期内按时按质按量完成生产任务，无返工、无质量事故、无安全事故、无客户投诉，组长奖B分15分
3	组织车间人员每周日大扫除，组长每次奖B分15分
4	利用休息时间，协助其他部门工作的，每次奖B分5～20分
5	协助工厂完成材料搬动工作，每次奖励B分5分～20分
6	通宵上班至第二天早上，每人每次奖B分20分
7	第一时间完成返工产品，每次奖B分5～20分
8	安排人员按时按质按量完成加急的产品，组长每次奖B分15分
9	设备保养，当月无维修更换配件，组长奖B分30分
10	放假休息时，休养喷头和设备，主要责任人奖B分50分，协助人员奖B分30分；回来上班安装喷头，保养设备，主要责任人奖B分50分，协助人员奖B分30分
11	惠普写真机1个月无维修，无更换配件，奖B分50分；连续2个月无维修，无更换配件，奖B分100分；连续3个月无维修、更换配件，奖A分100分，B分200分；武腾、佳能写真机连续6个月无更换配件，奖A分200元、B分400分，一年无更换喷头，奖A分300分，B分600分。（针对看写真机的人员）

(续表)

12	户外机、户外写真机1年无维修,更换配件,组长奖A分100分、B分200分
	(二)组员
1	一星期内安全生产,无安全事故,组员奖B分10分
2	一星期内按时按质按量完成生产任务,无返工、无质量事故、无安全事故、无客户投诉,组员奖B分10分
3	每周日大扫除,组员每次奖B分10分
4	利用休息时间,协助其他部门工作的,每次奖B分5～20分
5	协助工厂完成材料搬动工作,每次奖励B分5分～20分
6	通宵上班至第二天早上,每人每次奖B分20分
7	第一时间完成返工产品,每次奖B分5～20分
8	安排人员按时按质按量完成加急的产品,组员每次奖B分10分
9	设备保养,当月无维修更换配件,组员奖B分15分
10	放假休息时,休养喷头和设备,主要责任人奖B分50分,协助人员奖B分30分;回来上班安装喷头,保养设备,主要责任人奖B分50分,协助人员奖B分30分
11	惠普写真机1个月无维修,无更换配件,奖B分50分;连续2个月无维修,无更换配件,奖B分100分;连续3个月无维修、更换配件,奖A分100分、B分200分;武腾,佳能写真机连续6个月无更换配件,奖A分200元、B分400分,一年无更换喷头,奖A分300分,B分600分。(针对看写真机的人员)
12	户外机、户外写真机1年无维修,更换配件,组长奖A分60分、B分120分

绩效核能（行动版）

珠海某公司积分制导入计划管控表

主流程	第一级进度	工作要求与标准	持续时间	开始时间	最后完成时间	责任人	奖分	协助人	追踪检视人
总体时间进度			90天	2012-7-2	2012-9-30				
积分制的导入7月2日启动、8月1日完成全部导入	1. 成立项目组，制定计划	7人承诺为项目组负责	1	7-2	7-2				
	2. 编写《积分量化手册》	项目组内部制定，讨论并通过	10	7-2	7-12				
	3. 基础标准修定	人力资源类基础标准制定	6	7-2	7-8				
		企业文化类+后勤管理规定类标准制定	6	7-2	7-8				
		生产岗位标准的制定	6	7-2	7-8				
	4. 激励办法制定（含积分分类+周期，月总结快乐大会抽奖）	修改、通过	4	7-8	7-12				
	5. 宣导《积分量化管理手册》与全厂各部门人员商讨并最终定稿	总经理批准通过	2	7-12	7-14				
	6. 部门宣导会	启航大会前做2次宣导完毕	7	7-15	7-15				
	7. 操作流程	总经理批准通过	3	7-24	7-26				
	8. 造场的完善（文化墙）	积分制文化，排名榜，照片墙	4	7-24	7-31				

（续表）

主流程	第一级进度	工作要求与标准	持续时间	开始时间	最后完成时间	责任人	奖分	协助人	追踪检视人
总体时间进度			90天	2012-7-2	2012-9-30				
8月份试运行	9. 全厂启航大会	要求员工都参加，出席在90%以上，制定大会流程	7	7-24	7-31				
	9. 积分绩效试行	按《积分量化手册》和积分操作流程执行	31	8-1	8-31				
	11. 快乐大会	每月一次，置办流程	1						
	12. 各部门的岗位积分制定标准（还事于民）	制定部门标准，能有效激励员工	10	8-7	8-17				
	13. 积分总结机制（方案）	每周一次，定在周五，每次20分钟	3	8-17	8-20				
	14. 制定扣分任务	从2012年1月1日出扣分流程制度并通过审批	7	8-20	8-24				
	15. 扣分项目的宣导公示	要求员工都参加，出席在90%以上，并有90%赞同	5	8-27	8-31				
全面推行	16. 积分制全面推行	奖罚并行	30	9-1	9-30				

Chapter 9

绩效过程管控

Chapter 9 | 绩效过程管控

戴明（W. Edwards Deming）（1900—1993），被誉为"质量管理之父"。他本是美国人，却成名于日本。1950年，戴明对日本工业振兴提出了以较低的价格和较好的质量占领市场的战略思想，得到日本各界广泛认同，并在帮助日本战后重建、工业快速发展中做出了杰出贡献，日本天皇亲自授予他二等珍宝奖。

由于戴明对日本指导质量管理的成功，才让美国人惊醒，原来日本工商经营成功的背后竟然有一位美国人居功至伟，开始对戴明另眼相看。1956年，美国质量协会授予戴明"休哈特奖章"。而1980年6月24日，全美广播公司（NBC）在电视播放举世闻名的"日本能，为什么我们不能"，使戴明博士一夜成名。那一年他正好80岁。

PDCA循环又叫戴明环，PDCA是英语单词Plan（计划）、Do（执行）、Check（检查）和Action（行动）的第一个字母，PDCA循环就是按照这样的顺序进行质量管理，并且循环不止地进行下去的科学程序。

◆ P（Plan）——计划。包括方针和目标的确定以及活动计划的制定。

◆ D（Do）——执行。执行就是具体运作，实现计划中的内容。

◆ C（Check）——检查。就是要总结执行计划的结果，分清哪些对了，哪些错了，明确效果，找出问题。

◆ A（Action）——行动（或处理）。对总结检查的结果进行处理，成功的经验加以肯定，并予以标准化，或制定作业指导书，便于以后工作时遵循；对于失败的教训也要总结，以免重现。对于没有解决的问题，应提到下一个 PDCA 循环中去解决。

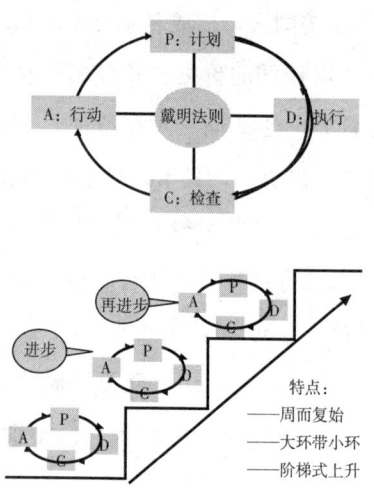

戴明的 PDCA 循环在现代管理中运用非常广泛，对企业质量管理、内部运营等发挥了一定的作用。PDCA 中的四个环节紧紧相扣，缺一不可。本章重点学习与思考"绩效过程的管控"，在企业管理中，如何建立强大的检视力，如何有效地通过检视促进执行力。

红绿灯管控

红绿灯管控就是通过三种色彩（红、黄、绿）对工作进度与结果进行管控的一种管理工具。

红色：超过规定时间没有按规定要求、标准完成工作任务。

黄色：规定时间的进度（起止时间），表明进展中。

绿色：已按规定要求、标准完成该项工作任务。

红绿灯管控系统是一种跟踪过程与结果的视觉管理模式，广泛运用于重点计划管理、项目进度管理、会议决议管理、费用预算管理、关键事件管理中。

案例：

公司在一次周例会上做出一个决议，要求人力资源部张总监在4月30日前完成《公司员工公务车辆管理规定》的拟订与颁布。这个决议由会议秘书写入"部门总监级行政例会决议管控表"，并用红绿灯进行管控。

假设到了4月30日这周的行政例会，会议秘书在正式会前先行打开决议管控表进行总结检视，发现张总监并没有完成这项工作，于是按规定挂上红灯。

当然，通常情况下，张总监会解释说：我在4月27日就将这份文件放在杨总经理的办公台了，只是一直未得到杨总的签批。这样的解释合理吗？

注意：我们在下达指令时要用"通过"，而不是"完成文件起草"。如果是后者，很多职业经理写完制度规定后交给上级，就当完成任务了，至于这份文件何时正式实施有效，就不会关心。

回到这个案例，会议秘书应如何答复张总监的解释呢？一般是这个套路：你可以解释，但结果是没有达到通过的标准，因此我们还是会挂红灯。

红绿灯管控是一种重要的执行力检视考核工具。根据员工在规定的周期内（如季、年）的红灯与绿灯数量总计进行考核评价。

红绿灯一般以"周"为挂灯周期，一项任务只要过了要求的时间没有完成，挂一个红灯，一周后还没有完成，再挂一个，直至完成、挂上绿灯为止。这样只要未完成工作便可一直追溯，可防止某项工作延期挂完红灯后，责任人就不着急了，最后工作不了了之。

通常的考核评价包括：

（1）直接与奖罚挂钩。例如，每个红灯扣 20 元，每个绿灯奖励 30 元。

（2）评比奖励（以正激励为主）。例如，全季（年）红绿灯相冲减，以绿灯数进行排名，排在前三名的分别有相应的奖励。对于绿灯数达到一个规定标准的也可适当给予奖励。

（3）与积分式进行扣钩。每个红灯扣 20～50 分（可分 A、B、C 三档），每个绿灯奖 30～80 分，然后合并计入个人总积分。

当然，在实施红绿灯管控时也有一些注意事项：

（1）建立适当的考核激励；

（2）设计红绿灯管控结果的考核计算，与公司考核联系关联；

（3）安排做红绿灯管控的人员及设计表格；

（4）确定这项工作的推动者，并带头做到；

（5）从会议或项目开始试行；

（6）宣扬"红灯耻，绿灯荣"等之类的执行力文化；

（7）设立"提升项目组"或类似组织对超红灯事件进行跟踪管控。

在实际运用中，红绿灯与横道图经常相互搭配使用，发挥各自的价值：红绿灯主要对结果进行色彩管控。横道图主要对进度进行跟踪检视。一个重过程，一个管结果，形成互补，令责任、标准、计划、进度等更加清晰明确，具有很高的实效功能。

除了红绿灯管控之外，还有其他九种检视工具：（1）文化墙、光荣榜；（2）日清、周清、计划、晨会；（3）内外部满意度、认同度的调研；（4）访谈；（5）电话或现场回访；（6）资格考试或培训；（7）绩效考核；（8）业绩跟踪会；（9）预算管控。

文化墙

我每次到一家企业参观、做顾问，着重观察三件事：一是团队的状态，二是老板的办公室，三是墙面布置。说到墙面布置，我发现有三种很普遍的现象：

（1）墙面非常干净整洁，空无一物。

（2）墙面挂了很多装饰画，有山水画、励志书法、油画、花鸟鱼虾等，唯独没有真正的文化。

（3）墙面利用率非常高，什么都有。有一个老板很爱学习，把他每次学后的总结性标语全面上墙，但都不经装饰处理，用各种纸张打印出来，有空地就挂上去。

很多企业忽视了墙的价值，最多用作装饰。其实墙是会"说话"的。因为墙面同样属于能量场，而且是重要的场地。员工每天来公司上班，首先看到的都是这些墙面的内容，在一瞬间，墙面文字图案的正能量应传递到员工的心田、大脑。在潜意识的层面激励员工，引导员工。

做文化墙要注意以下四个方面：

（1）摆放位置：越显眼的地方效果越好。

（2）规划设计：要有一定的规划性，例如：

1）门口位置：公司价值观、使命，光荣榜，公司介绍等。

2）办公室：与职能相关的工作标语，工作使命，职能介绍等。

3）会议室：目标墙，内部光荣榜等。

4）走廊、茶水间等公共空间：反映价值观、激励性的标语。

5）生产车间：品质、心态类标语，奖励与公告栏，目标与计划墙等。

6）食堂：温馨提示，节约告示，公司通告等。

7）洗手间：轻松幽默小故事、必要的卫生告示等。

说明：在具体设置时，要适当考虑企业的业务特点、老板的个人风格等。

（3）文字大小：标语文字一定要够大、够显眼，图文并茂当然更好，但要注意内容搭配。

（4）精选标语：必须是正能量，达到"正言正行正思"。标语之间要有关联性，价值观不冲突，而且必须是用心精选。

日　清

案例：

我曾经与海尔一位高管一起吃晚饭，只吃到一半，他起身向大家告辞说：对不起，今晚我还有两件事情要做，一是要参加公司安排的每月的网上考试，二是还要写日清。

海尔集团有一个OEC管理法则，从20世纪90年代伴随着海尔的崛起而闻名于中国。这个法则现在几乎与海尔齐名。

OEC管理法，英文缩写为Overall Every Control and Clear：

O——Overall 全方位；

E——Everybody 每人，Everyday 每天，Everything 每件事；

C——Control 控制，Clear 清理。

OEC管理法则也可表示为：日事日毕，日清日高。

即：每天的工作每天完成，每天工作要清理，并要每天有所提高。

OEC管理法由三个体系构成：

绩效核能（行动版）

目标体系→日清体系→激励机制

首先确立目标。

日清是完成目标的基础工作；日清的结果必须与正负激励挂钩才有效。

现在，有不少企业连月计划、月总结都要三催四请的，何况每天的计划与清理，我想，从一个小小的管理习惯，可以明白，为什么海尔可以异军突起、快速增长。

日清还算不上是什么管理模式，但却是重要的工作习惯。在每天下班前为当天的工作过程、结果做总结，并对翌日的工作做出相应安排，这就是日清。

日清不仅属于工作与计划管理，还是重要的检视方法。不过，一定要突破传统的思维。举个例子，某企业想让所有员工做日清，根据我的建议，除了OA以外，增加短信方式，这种方式有一个最大的好处，就是及时性。以前，都是员工给直接上司交日清，一级向一级负责。我给他们提出两点建议是：一是本部门员工可以看到相互的日清；二是主管经理的日清要发给下属、同级管理层、上司。为什么要这么做？不用我多说吧，个中道理，相信大家应该能懂的。

开始做日清的时候，常常存在三种情况，一是有不愿意做的员工，二是忘记做的员工，三是应付做的员工。必须有日清的管理机制，比如若你的企业实施了积分式管理，应可以：

（1）每个工作日都必须做日清，每月少做一次的、不做的给予处罚。但超出一次的，第二次扣10分，第三次扣20分，第四次扣40分，以加倍方式操作。以此类推。

（2）每月从达到日清要求的员工中评选优秀者，前三名可奖励积分 50 分。

说明：根据企业的实际情况，还要考虑短信方式、员工负担、外出员工的交日清弹性时间、低层次员工的能力等因素，要相应灵活处理。

调　　研

岗位的核心价值到底是什么？

很多人会说：认真履行岗位职责；为公司创造价值；为企业创造利润；得到上级的认同与肯定；将岗位价值最大化；考核达到公司标准；努力完成上级交代的所有工作……

这些答案并非错误，而是没有找到核心重点。

一个岗位的存在，是因为有工作需求。但大家常常会联想到这个需求是老板或上级决定的，因此岗位的价值主要对他们负责。这也是绝大多数企业喜欢做上下级工作评价的原因。

深入来看，一个岗位的存在，是因为有客户的价值需求。例如，公司新设置"财务预算主管"一职，虽然由公司或财务总监安排或申请设立，但他并非只服务于财务总监，而是根据围绕职责定位服务于公司各个部门及相关岗位，他们都是"财务预算主管"的客户。

因此，可以这么认为，一个岗位的核心价值是"客户价值"。所谓客户价值,就是每个岗位如果要体现自己的价值,必须为他服务的所有客户创造价值。岗位的价值就是由客户价值来决定的。

既然如此,评价客户价值就变得非常重要,因为这是衡量岗位价值与贡献的重要标尺。

衡量客户价值的主要方法就是客户满意度调研。如果全方位调研,就是我们常说的360度考评。从理论来上看,360度考评是非常必要的。因为它可以全方位地评价与衡量,是一个立体评价模式。假如可以做到客观取数、精准测量,其价值不可取代。

如何做员工综合认同度调研呢?一年做一次员工的认同度调研,是有必要的。有助于企业掌握员工的需求动态,为来年制订管理政策提供有益参考。同时,也可适当作为衡量服务部门的管理水平与改善状况的评价依据。

在设计员工的综合认同度调研时,应注意以下事项:

(1) 真实性。首先要考虑的是员工是否愿意真实填写调研表与表达自己的意愿、意见。所以,填写与收表的过程设计很重要。例如,采用纸质表格的,可以使用信封作为密封,也可使用上锁的信邮。也可以聘请第三方中立机构代为操作。有条件的企业可以考虑用网络投票的方式来操作。

(2) 准确性。设计评价标准时,要注意客观引导与合理区分。例如提问"你对工资满意吗?"(10分制),员工很容易在2~5分之间进行选择,可以修改为"与我的工作价值相比,我对工资满意吗？"也可以设计为"我的工资与我的能力、价值匹配吗？"

（3）参考性。在设计时，要考虑提问的价值导向。每一个问题都直接反映公司政策方向。

（4）改善性。所有的问题都有评价导向，评价的目的在于未来的改善。

为了提升真实准确性，企业也可以组织座谈、访谈、有奖征集等活动，作为员工需求信息的补充来源。

业绩跟踪会

绩效管理有六个要素：目标管理、激励模式、绩效改善、考核评估、检视跟踪、行动计划。没有检视跟踪，绩效改善就得不到必要的保障。

绩效管理的六核要素

```
              目标管理
               /\
              /  \
      行动计划    考核评估
            /      \
           /        \
     绩效改善  检视跟踪  激励模式
```

绩效核能（行动版）

业绩跟踪会不同于月季年的总结计划会、行政例会、部门沟通会、总裁办公会之类的经营管理会议。它具有以下明确的目标与特点：

（1）以目标为导向。整个会议的起点是目标，核心是结果，中心是计划。

（2）以改善绩效为宗旨。整个会议围绕着如何通过提升行动计划来促进绩效改善与优化。

（3）以集中检视为线索。要求部门负责人逐一汇报目标达成情况、绩效考核分数、计划执行情况等，统一检视各部门的工作成果与贡献状况。

要做好业绩跟踪会，必须具备以下若干条件：

（1）必须建立KPI或KSF指标管理系统，这是企业的关键目标指标群。

（2）必须将目标与管理者的中短期利益建立紧密的关系。

（3）必须建立业绩跟踪会的管理规则。

（4）必须建立相关的汇报模板与标准要求。

（5）必须对管理者进行相应的培训，以便掌握一定的编制技巧。

业绩跟踪会同时要搭配红绿灯管控系统，加强检视促进。并对绩差指标建立特别跟踪模式。例如，对于连续两个月低于3分（5分制）的KPI或KSF进行专门跟踪管控，对于连续两个月低于2分的，要建立绩效改善项目组进行专门辅助，作为重点管控，每月要特别报告。

Chapter 9 | 绩效过程管控

快速提高执行力的四要诀

清晨，非洲草原上的羚羊从睡梦中醒来，它知道新的比赛就要开始，对手仍然是跑得最快的狮子，要想活命，就必须在赛跑中获胜。另一方面，狮子思想负担也不轻，假如跑不过最慢的羚羊，就会被饿死。无论你是狮子还是羚羊，当太阳升起时，为了生存下去，你能做的就是全力奔跑！

多么奇妙的事情，强如狮子之强，弱似羚羊之弱，差别不可谓不大，然而在物竞天择的广阔天地里两者面临的，源自求生欲望的压力都是同等的。

可见，在动物世界里，动物的对手说到底也就是它自己，它要逃避死亡的追逐，首先就要战胜自己，它必须越跑越快。因为稍一松懈，便会成为他人的战利品，绝无重赛机会。

最大的敌人是自己，对人类来说何尝不是这样？不管你是总裁还是小职员，为了保住自己的职位，不是尽心尽责，全力以赴吗？要知道总有人盯着你的职位跃跃欲试，总裁的高位自然热门，不必多说，小职员也不例外，因为公司门外总有不少新人等着进来。这样看来，大家的选择都一样，要么做得更好，要么被淘汰，在新的一天来临时，可不要再拿闹钟出气了，还是对自己叫一声"加油"吧！

马云说，很多创业者，晚上想想千条路，早晨起来走原路。这就是一种没有执行的状态，这种状态的核心是没有决心。

执行力是一种"执着行动的合力"。执行力源于高层,重在中层,成败在操作层。没有目标与激励就没有行动力,没有结果导向就没有执行力。在评价员工执行力前,先要清楚三个问题:(1)员工为什么执行;(2)员工为谁执行;(3)谁在检视执行。

在操作中,执行力可以概括为五大要素:

执行力=执行能力×执行信念×执行环境×执行效率×执行结果

执行能力,即岗位知识技能、专业技术能力、对工作掌握的综合能力;执行信念,即目标、意愿、使命、价值观;执行环境,即软环境——企业文化、团队协作支持,硬环境——匹配条件、其他成功要素;执行效率,即行动力、反应力、工作节奏、达成速度;执行结果,即结果导向思维、最终成果。

执行力不到位,已经是一种普遍状态。99%的中国企业都存在这个问题,只是程度不同而已。与其怪责,不如找对方向、用对措施、逐步加以改善。

当前有一些关于执行力方面的课程,我认为有一定的价值,但要全面提升执行力,绝对不是一两次培训可以搞定的。因为执行力状态是关于企业整个系统的。所以,改善执行力,必须走到系统思维的高度。

一讲到制度,很多人都会想到制度文化的重要性,因此把

Chapter 9　绩效过程管控

制度做到尽善尽美。我有一次到一家企业做访谈,人事经理搬出几大本制度手册,非常自豪地说,我们公司的制度非常全面、完备。我随手翻看了一下,然后问他:这些制度你全部仔细阅读了吗?他愣了一会说,大部分看了,跟我的工作有关的认真看了。我说,其实员工也是如此,比如你的员工晋升制度,你们写了 20 多页,员工可能只会认真阅读其中的 2～3 页,其他很多内容对他们没有价值。但是写这些制度,花费了你不少时间吧。

这让我想到一些企业推行的"一页纸制度",所有的制度,长度不能超过一页纸。把重点、核心描述到位、员工理解明白就好了。

我认为,除了预算制度、分配制度等少数几个核心制度相对需要完备外,其他应该尽量简化,将精细管理用到流程上,才有实用价值。

制度建设还有一个很大的问题,就是漏洞百出、相互矛盾。规模企业实行了分部门管理,各部门以自己为中心出台制度,维护自己的利益与管理地位,难免使制度之间发生冲撞,造成执行者与操作者难以适从。

我总结了一下,影响制度执行力的八大障碍:

(1) 制度的规则本身不合理(不能操作或员工不认同);

(2) 缺乏有效的检视系统;

(3) 激励机制的设计不科学不到位;

(4) 制度经常改变,无所适从;

(5) 制度做不到公平透明；

(6) 制度与文化存在分裂或对立；

(7) 相关制度之间存在实质性矛盾；

(8) 缺乏对制度的定期改进与修补机制。

管理的过程就是"管力"。企业管理者不能依赖单一的力量，组织协调力量之间的关系，使之达到平衡向上的动能水平。那么究竟该如何快速地提高行执行力呢？这里有四个要诀：

一、**推力**：来源于压力，如批评、回应、处罚等；

二、**拉力**：来源于金钱物质激励、奖励；

三、**引力**：来源于愿景、使命、信念、责任、言化；

四、**张力**：来源于欣赏、认同、空间等。

企业的管理就是对人的力量的管理！

×××股份有限公司文件

文件名称：红绿灯管控管理办法		编号：	
起草人：	审阅人：	核准人：	批准人：
修改人：	审阅日期：	核准日期：	执行日期：
版本号：	变更记录：	变更原因：	
发放部门：各部门			

红绿灯管控管理办法

1. 目的

为了植入"快速反应，马上行动"的经营理念，更好地推行公司执行力文化，打造高效的执行团队；为了有效监控突发性、临时性、阶段性的重要事项，弥补绩效指标的不足，特制定本办法。

2. 适用范围

适用于总经理室对各部门负责人下达的、被列入公司红绿灯管控的重要工作，适用于各部门负责人给下属员工下达的、被列入部门红绿灯管控的重要工作。

3. 职责

3.1 公司总经理室、会议主席或部门负责人负责工作任务的分配，决定什么工作被列入公司红绿灯管控表或部门红绿灯管控表。

3.2 管理中心负责管理公司红绿灯管控表；部门负责人或指定人负责管理部门红绿灯管控表。

3.3 工作受益部门或总经理室、会议主席负责审核工作完成的结果。

3.4 人力资源部薪酬考核组负责将公司红绿灯管控表的红绿灯转化为绩效结果；各部门负责人负责将部门红绿灯管控表的红绿灯转化为绩效结果。

4. 依据

4.1 《×××卓越绩效指导书》。

4.2 《绩效考核管理制度》。

5. 内容

5.1 红绿灯管理的原则

5.1.1 重要性原则：被列入红绿灯管控表的工作必须是重要的，对部门或公司具有重要的影响和意义。

5.1.2 时效性原则：以周为单位，每一个被列入红绿灯管控的工作都应能估算出完成的时间，把时间明确列出，以便适时监控；某一周所属考核周期以该周最后一天（星期六）所在考核周期确定。

5.1.3 绩效转换原则：每一个被列入红绿灯管控的工作都要和相应责任人的月度、半年度、年度绩效挂钩。

5.1.4 黄、红、绿灯原则：进行中的工作用黄色标示，未完成的工作从完成时限起用红色标示，直到完成，完成的工作用绿色标示（以上颜色标示简称黄灯、红灯和绿灯）；每一项工作可以有多个黄灯和红灯，但只能有一个绿灯。

5.2 公司红绿灯绩效转换

5.2.1 每月在管理中心会议或业绩跟踪会上由主持人进行一次红绿灯个数和责任人汇报。

5.2.2 公司红绿灯绩效实行半年度考核，红灯和绿灯分别进行计分，每 5 个红灯代表 －0.1 分，每 5 个绿灯代表 ＋0.1 分，半年度考核时 N 代表红灯或绿灯个数除以 5 后的余数，N 小于等于 3 时忽略 N，N 等于 4 时算作 5；红灯分数和绿灯分数进行相加（相抵消）后的分数为最终红绿灯绩效分数。

5.3 部门红绿灯绩效转换

5.3.1 每月在部门例会上由主持人进行一次红绿灯个数和责任人汇报。

5.3.2 部门红绿灯绩效实行月度考核，每 3 个红灯代表 －5 分，每 3 个绿灯代表 ＋5 分，红灯和绿灯直接进行冲抵，冲抵后的个数除以 3，商用 M 表示，余数用 N 表示，N 直接算入下一个月的红灯或绿灯，M 乘以（－5）或 5 后的分数为最终红绿灯绩效分数。

5.3.3 12 月考核的余数 N 不计入下年度。

5.4 红绿灯管理流程

5.4.1 总经理室或部门负责人和相应责任人沟通后，确定需列入红绿灯管控表的工作，并确定起始时间和截止时间。

5.4.2 管理中心委员会或部门负责人或指定人将工作列入到红绿灯管控表中，同时对工作的进展进行监督。

5.4.3 管理中心会、业绩跟踪会、营采沟通会或部门例会等会议上，主持人主持，相应责任人对被列入红绿灯管控的工作进行汇报，相应人员根据具体情况对工作进行必要指导。

5.4.4 主持人根据工作的完成与否和工作时限，对工作用黄灯、红灯或绿灯标示。

5.4.5 薪酬考核组或部门负责人或指定人在考核周期到时根据红绿灯个数对相应责任人进行绩效分的计算,并在规定时间内将结果反馈。

6. 附件加文件

《红绿灯管控表》

说明:

红灯:在规定的时间未按标准达成工作项目时挂红灯。

绿灯:已按标准达成工作项目时挂绿灯。(无论是否在规定时间内,只要完成)

黄灯:在规定的工作进度时间内挂黄灯。

Chapter 10
卓越绩效系统的秘密

Chapter 10 | 卓越绩效系统的秘密

某公司有 300 多名员工，经营了 8 年，由于近两年受经济波动的影响，业绩有下行趋势，业绩下降同时影响到员工收入，造成员工的流失也在不断增大，团队士气低落。而经营管理人员之间的扯皮推诿现象十分严重，都不愿意承担业绩与管理责任。

公司以前一直奉行底薪加提成、月度固定工资加年终奖的薪酬奖金模式。老板张总一直想改变这种局面，因此让人力资源部推行了绩效考核。

但绩效考核推行了一段时间以后，受到管理者的极大抵触，不到 6 个月被迫终止。大家都认为在方法与工具上有问题，后来也不断调整了新的方式方法，还是不怎么见效。现在，公司的绩效考核已沦为一种形式。

很多企业在业绩下降、管理困难时，就想推行绩效考核，分解责任与压力；也有些企业在利润下滑时，就极力拉员工入股，共同承担风险。这种现象就好比人得了重病才去看医生，难免投错医用错药。记得有一位老板曾告诉我说：我在企业经营状况好的时候做股权激励，即使在经营差的时候，我也是采用正激励。

在人性方面，绝大多数员工愿意同企业共同分享发展成果，只有极少数员工能够与企业一起面对挑战、承担经营风险。而且企业主的初心很重要，员工是能感觉到的。

绩效考核不只是设定目标、抽取指标,它是一个运行系统,也是一种格局高度。

秘密一:运行环境是关键

绩效系统的运行需要环境的支持。好比植物与土壤气候、鱼与水的关系。再好的绩效设计,如果没有运行环境的支持,也不能发挥应有的功效与价值,甚至无法正常运行。

因此我们在设计考核时,一定从自行的状况出发,没有最好,只有是否适合,在适合的条件如何做得更好。

绩效系统运行的环境,我归结为三个方面:人、环境、机制。

绩效系统的核心是人。企业无人则止。所有的事情都是人去做。不同的人做出的结果是不一样的。即使同样的激励、同样的训练、同样的流程,人也可以做出不同的结果。

与设备、工具不同的是,人有动机、需求,人有感觉、情绪,人有思想、思维。

我们可以改变、影响人的思维,但不能控制人的感觉、情绪。

绩效系统由于涉及人的切身利益、面子荣誉、发展前途,当然具有极高的敏感性。对经济人而言,还有比这些更重要的吗?

因此,在设计与运行绩效系统时,必须从人性出发,经营人心,关注人的感受,满足人的各种需求。

经济学家斯蒂芬·P·罗宾斯将"管理环境"定义为对组织绩效有着潜在影响的外部机构或力量。管理的环境是组织生存发展的物质条件的综合体,它存在于组织界限之外,并可能对管理当局的行为产生直接或间接影响。

对绩效系统影响最大的是以历史背景与当下环境共同影响、沉淀形成的绩效文化。绩效文化包括：员工的价值观、员工的现实诉求与期望、员工的结构性关系、员工对企业的信任与认同度等。

假设员工对公司老板很不信任，对老板的格局很不认同，如果老板想推行股权改造，将是很难实现的事情。

假设企业员工之间勾心斗角、拉帮结派、唯利是图，做360度评价模式几乎是反效果，即使做绩效管理，也将面临非常大的困难。

因此，企业要想导入绩效管理并系统运行起来，首先要对当下的状况做出评估，并积极地做好环境的整顿、清理。好比你要从外地移植一棵树苗来种养，你要分析气候、土壤是否适合，即使土壤适合，还要先做好松土、破坷、除草的工作，这样才能保证小树苗更快更好地成长。

支持绩效系统运行最重要的因素是什么？

绩效系统的运行，受制于以下十个方面：

（1）战略规划解决发展方向。

（2）组织结构明确职责体系。

（3）岗位价值解决职责分工。

（4）流程管理确保工作流向。

（5）目标体系解决努力一致性。

（6）绩效考核解决组织与个体利益关系。

（7）薪酬激励激发个体原动力。

（8）文化制度规范行为习惯。

（9）培养机制提升队伍能力。

（10）管控检视确保贯彻执行。

这十个方面环环相扣，相辅相成，缺一不可。而其中薪酬激励毫无疑问是核心，在解决利益驱动的核心问题之下，各个部分的运行才能真正做到自动自发。

秘密二：人效薪是核心

只要是以利润为导向的企业，其核心可以浓缩为三个字"人效薪"。

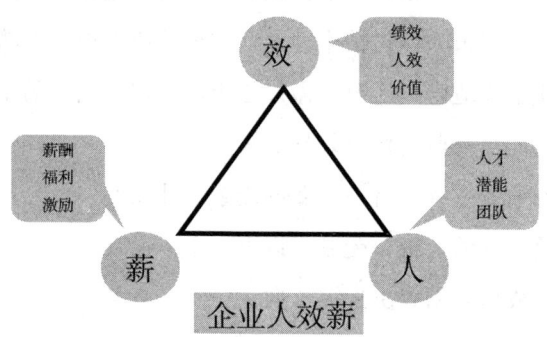

人，是企业一切财富之源。没有人，企业就没有持续的创造力。

效，企业要生存，必须讲绩效，没有持续增长的绩效，就谈不上稳健发展。因此，企业急需的其实是可持续为企业创造价值、效能的人才。

薪，如果没有好的驱动力，人才再有能力，也可能因为意愿不足，制约了其表现力与创造力。

无论企业规模大小，最终要回到这三个字来。而且，必须要用辩证的思维来看待这三者之间的支撑与制约关系。

如果没有找对员工、用对岗位，激励再强也是放空弹。

如果没有对路、有效的激励，好员工也会失去动力，最后一步步变身为老油条。

如果企业不赚钱，员工不创效，企业不可能有源源不断的钱拿来分给员工，也不可能持续为员工提供更多的提升机会。

关于人效薪，希望大家记住以下七点：

（1）人都有内在惰性，需要点燃和驱动；

（2）价值＝价格，责权利效的核心是效，因为绩效衡量人的价值；

（3）人效是企业经营之本；

（4）高固定率的工资结构失去的是高绩效，虽可留人但不能高效激励人，反而助长攀比之风；

（5）利益驱动与文化驱动相辅相成，缺一不可。

（6）人不在多，关键是留住和培育岗能匹配、创造价值的人才；

（7）绩效与人效，以业绩结果为导向进行考核跟踪，以人效为方向调整编制、优化流程；

（8）加薪是发展趋势，显然固定加薪法只是增加企业成本，应该将成本转化为投资和价值激励。"人效薪"三字经要老板员工一起念才有效！

秘密三：职业经理人是中枢

社会化大分工给很多职业经理人传达了一个广泛的误解：我只要专注做好自己的专业、技术、职能划定的事情，至于人力资源方面的工作，由人力资源部门来统筹管理就行了。

很多职业经理都是典型的瘸子，懂业务、懂技术，熟悉产品流程等，但就是不懂自我管理与带领团队。但公司偏偏要把他放到团队管理者的位置，因此人力资源部、上级管理者就成为他的担架、拐杖、救火员、保姆等角色，最终影响到团队建设、业务发展。这都是训练不足、储备无力的结果。

这个误解被逐步澄清以后，很多人开始意识到，绩效管理、团队管理不再只是人力资源部门的事情，是大家共同的责任。对于这样的观点，我仍然有不同的看法。

如果每一个业务单元、职能部门都是一个独立经营单位，单位的负责人应该负担起所有的职能和责任，包括人才的招聘、选拔、任用、考核、激励、培育等工作。那么，人力资源部门的责任是什么？我形容为"头粗、中通、脚细"：

头要粗（智）：指的是人力资源规划、重大策略、分配体系、绩效检视系统的构建，必须训练职业经理人掌握人力资源管理技术。

中间通达贯彻好（行）：政令申通、制度规范、机制合理，并且指导、督促各部门执行到位。

脚下功夫细致扎实（实）：在基础性的工作方面相对完善，能相互配合操作、协调完成。

人力资源部门将更多操作性的、决策性的事情留给用人部门去完成。因此，所有的职业经理人必须具备良好的人力资源管理能力，方能拥有领导团队对外创造佳绩、对内优化管理的完整能力。

秘密四：HR 是变革先行者

人力资源从业者一直被认为是上挤下拱、左右为难、压力巨大的角色。因此客观上存在"三低"的现状：一是职业化程度低，二是专业化程度低，三是职业忠诚度低。主要原因有：

（1）认为人力资源管理没有什么技术性可言，谁都可以做好；

（2）人力资源管理在公司不被重视，做一段时间就申请转岗；

（3）总是担当扣钱、罚款、炒人这些负能量的事情，不认同，不喜欢做；

（4）没有什么发展，或者受挤压，不断跳槽。

据此产生三大不愿意：一是不愿意深入学习、研究，二是不愿意变革实践承担责任，三是不愿意作为未来职业。

很多人力资源从业者在这个领域的工作时间不会超过三年。即使做了多年，仅是停留在非常低层的操作性岗位，缺乏足够向上发展的动力与能力。

事实上，我认为人力资源工作是非常具有专业性的，而且越来越多的企业已经认同了人力资源的重要性。不少上过《绩效核能》课程的企业家要我帮他们招聘人力资源专业人才，寻求 HR 的系统落地。

在这个问题，我有自己的看法。我认为人力资源从业者在思维上、观念上、心态上必须要转变：

（1）没有老板不重视的人力资源，只有老板不重视的人力资源部；

（2）HR 最核心价值是"人才""人效"，而非烦琐事务；

（3）很多老板自认为懂人力资源，HR 必须超越他，专业才有地位；

（4）很多方案不被通过，不完全是方法技术问题，更是大局观和高度问题。

很多 HR 拥有非常固执的传统思维。一位 HR 经理说，李老师的课程很好，理念与方法在珠三角都是领先的，但导入很难，因为员工不一定会接受这些创新模式。我当即回应他说，时代在变，员工思维方式在变，市场环境与文化都在变，如果你仍然保留原来的模式，你的价值体现在哪里？个人职业提升在哪里？你的责任感在哪里？

我认为 HR 对企业薪酬绩效的核心贡献，不是通过谈薪技巧将员工工资谈越低越好，而是既要想办法让员工收入不断增长，又要兼顾共赢，不致于增加企业的经营负担，让新老员工接受以价值结果为导向的"弹薪"。不是停留在将薪酬设计得多么规范、公平，而是尽情发挥薪酬的激励性与驱动力。

然而，一些 HR 非但没成为变革先行者，还瞻前顾后抱着陈规旧制躲在最后；他们本来应该是最开放最能以身作则的带头人、人效绩效的创造者，结果却总是抱着自己的利益不放，为企业制造了一大堆成本和人效浪费。

一位学员告诉我，作为 HR 经理的她年薪达到 20 万元了。年初她打算离开现在的企业，但老板极力挽留，并承诺给她更大的空间。在去年公司导入绩效核能，实现业绩翻番，今年要继续深化。她说，整个绩效变革完全按照我的模式，所以表示特别感激。我回：小公司有大舞台，要珍惜老板的欣赏与信任！

对于人力资源从业者在新形势下的职业发展，我有四个建议：
（1）不是想如何为员工定薪，而是如何给员工加薪。
（2）不是去改变老板与员工的思想，而是如何改变自己的思维与胸怀。
（3）不是沉迷于完善制度，而是如何创新更加快速有效的方法与模式。
（4）不是想着抱着过去做得如何，而是前瞻性看看自己未来会为企业带来什么。

秘密五：老板是源动力

一老板说，十年前做企业开厂很容易很轻松赚钱，这几年不仅越做越累而且利润越来越薄，几乎要亏损。我回应他：粗放型经营赚钱的时代已经过去了，现在已经开始步入精细化时代，如果你还迷恋过去，抱着老观念不放，只有死路一条。

还有一老板向我诉苦：老板过的不是人的生活。老板操的是卖白粉的心，起早摸黑，事必躬亲，如履薄冰；员工操的是卖白菜的心，能做10分，绝不做到8分，一般做5~6分。其实老板是在替员工打工，经常为发工资奖金发愁。

有人说：老板最大的痛苦是，当醒来时发现没有一个人可以依靠，却有一大帮人靠我吃饭。而企业现状也可以描述为：老板太累，利润太低，人才太缺，扩张太难，管理太乱。

我见过三种类型的老板：第一种是说到学习就反感，自己不学习，也绝不安排员工学习，常说"员工学多了留不住"；第二种是自己不爱学习，但愿意安排员工去学习，这种老板常说"我什么都懂""我年龄大了还学什么"；第三种是老板特别爱学习，一年花费数万至数十万元，有一半时间在学习，但不让员工来学习，不过哪里有免费的培训就让员工去听。当然，现在有越来越多的企业开始关注老板与管理层一起学习，因为老板要懂，员工要会，事情才能办好。

李嘉诚有一次分享说：我12岁做学徒，15岁挑起一家人的生活担子，再没受过正规的教育。我非常清楚，只有努力工作和求取知识，才是我唯一出路。但凡有一点钱我都去买书。知识并不决定你一生财富增加，但你的机会会随之增多。创造机会才是更好的途径！你不学习，你的竞争对手在学习。

当前企业最大的两个问题其实就是：老板不愿意分钱分权，员工不愿意承担风险和责任。这样的企业面临的结果是什么：老板赚不到更多的钱，企业发展遭遇瓶颈，人才积累不下来。而员工拿着微薄的薪水，也没有办法成长，无法实现自己的价值和梦想。

一家没有做绩效考核的企业,仅凭着老板个人魅力、大量的约束机制、人盯人的管控、拍脑袋的加薪与奖励,也能经营下去、勉强活着。但是,这样的企业损失了两样东西:一是员工无限的潜力、具有创造力的青春;二是企业的活力、盈利能力。结果,员工收入不高,企业利润有限。

绩效的成效是"成于上,效于下":能不能成功,老板与高层作主;是否达到目标,要依靠中基层员工全力以赴的行动。

一老板想请我做他们的绩效项目,他说全部交给我处理,他自己没时间、没能力做。我回应说:(1)老板是绩效的核心,如果老板不全程参与组织、设计和落地,就是不重视,企业不可能建立高绩效团队,不可能建成有效的绩效系统。(2)如果不懂绩效和激励,说明作为经营者的老板需要学习与补缺。(3)如果不能与老板达成共识、统一思维,这种项目我不会接,因为支持不到这家企业。留意:不是花钱就表示重视,唯有老板亲自全程参与,才是持续、长久有效之计。

我给中小民营企业家的几点忠告是:

(1)智慧要分享,利益要分配,责任要分担;

(2)老板们最大的风险是无知,比之更大的风险是对无知的无知;

(3)把企业浪费的钱分给员工,员工会帮你减少浪费;

(4)把企业超价值成果分给员工,员工会助你创造更大的价值;

(5)一定要打造好系统,员工会让客户安心,让老板心安。